화음

현대수필가100인선 · 89

화음

박연구 수필선

좋은수필사

■ 책머리에

 수필은 누구나 부담 없이 읽고, 마음만 먹으면 직접 쓸 수도 있는 가장 친근한 문학이다. 다른 영역의 문학이 영상매체에 밀려 신음하고 있는 중에도 수필 인구만은 날로 증가하여 바야흐로 수필 전성시대를 구가하고 있는 이유도 거기에 있을 것이다.
 시대적 추세에 힘입어 수많은 수필전문지, 수필동인지가 창간되고, 이에 비례하여 신진 수필가도 날로 늘어나다 보니 이제는 그 많은 작가, 그 많은 작품 중에서 문학성 높은 작품을 가려 읽는 일이 쉽지 않게 되었다. 이런 현상은 작가에게나 독자에게나 결코 바람직한 일이 아니다. 더 나아가서는 수필을 연구하는 후세들에게도 큰 부담이 될 것이다.
 이런 문제를 해결하는 데는 출판인도 마땅히 한몫을 감당해야 한다는 평소의 소신에 따라, 본사가 기꺼이 그 역할을 맡기로 했다. 그 첫 번째 사업으로 시대를 대표할 만한 수필가 100인을 선정하고, 작가가 자선한 40편 내외의 작품을 수록한 문고본을 발간하여 이를 널리 보급함으로써 그 소임을 다하고자 한다.
 본사는 사명감을 가지고 이 사업을 추진해 나가기로 했다. 작가 선정을 전담할 편집위원회를 구성하고 전권을 위임하여 일체의 사적인 정실이나 청탁을 배제함으로써 전문성과 공정성을 확보해 나갈 것이다.

 따라서 이 기획물 속에는 작가의 문학정신뿐만 아니라, 본사의 문학사적 기여 의지와 편집위원 제위의 수필문학에 대한 애정과 문인으로서의 양심이 함께 담겨 있음을 자부한다. 다만, 작가를 선정하는 기준에는 많은 견해의 차이가 있을 수 있고, 선정 과정에서도 미처 챙기지 못한 부분이 있을 것이라는 사실만은 인정하지 않을 수 없다. 이 점에 대해서는 관계자 여러분의 양해 있으시기 바란다.

 이 시리즈의 발간 순서는 작가, 또는 본사의 사정에 의한 것일 뿐 그밖의 어떤 기준도 적용하지 않았음을 밝힌다.

 본 기획물이 시대를 초월한 많은 수필 애호가들의 관심과 애정 속에 우리나라 수필문학 발전에 한 이정표가 되기를 바랄 뿐이다.

2011년 7월

《좋은수필》 발행인 서 정 환
현대수필가 100인선 간행 편집위원 박 재 식 최 병 호
정 진 권 강 호 형
변 해 명

| 차례 |

1_부

신록의 여인 • 12
증기기관차 • 16
바보네 가게 • 21
초상화 • 26
진실의 기록이어야 • 31
효도산행 • 36
액자적 풍경 • 41
화음 • 46

2_부

변소고 • 54
삶의 충실이고 확충이기에 • 60
어떤 답사 • 66
수필쓰기 인생을 회고한다 • 72
무욕의 돌 • 80
육안과 심안 • 84
평범한 사람들의 철학 • 89
뮌헨의 하루 • 95
고양이의 하산기 • 102

3_부

셋째딸의 패션 • 108
사랑은 생명의 꽃이라는데 • 112
소풍길 • 117
익사한 꿈 • 122
외가 만들기 • 126
운명적인 관계 • 131
자존심 • 136
자기 얼굴 그리기 • 142

4_부

봄앓이를 할지언정 • 150
여름 그리고 고향 • 156
목화 이야기 • 161
바람결에도 어머니의 음성이 • 166
오식 이야기 • 169
인생의 열차에서 • 173
아버지와 아들⑴ • 180
아버지와 아들⑵ • 186
얘깃거리가 있는 인생을 위하여 • 190

신록의 여인
증기기관차
바보네 가게
초상화
진실의 기록이어야
효도산행
액자적 풍경
화음

신록의 여인

 5월은 계절의 여왕이라고 한다. 누가 명명한 말인지는 모르지만 나도 동감이었다.
 만물이 소생하고 온갖 꽃이 만발하는 봄이 의당 계절의 여왕좌를 차지할 것 같지만, 그렇지 않다. 오래 피는 꽃도 있지만 대개는 쉬 지고 만다. 잠깐 피어 있는 꽃이건만 이를 시샘하여 부는 꽃샘바람의 추위가 건강하지 못한 나 같은 사람에겐 마음에 들지 않았다.
 덥지도 춥지도 않은 5월이야말로 내게는 가장 좋은 달에 속한다. 내 부모가 나를 낳아 준 달도 5월이고, 내가 나의 둘째 딸을 낳은 것도 5월이기 때문에 5월을 더욱 좋아한다.
 초춘初春 · 초하初夏 · 초추初秋 · 초동初冬의 네 계절 중에서도 초하가 제일 좋은 계절이 아닌가 한다. 그것은 두말할 것도 없이 신록新綠의 계절이기 때문이다.

　나무는 네 번 꽃을 피운다. 첫번째는 물어 볼 것도 없이 문자 그대로의 꽃이요, 두번째는 잎이라는 꽃을 피우고, 세번째는 단풍이란 꽃이고, 마지막 네번째는 겨울의 잎 없는 가지의 눈꽃[雪花]을 말함이다. 나는 이 네 가지 꽃 중에서 신록의 꽃을 제일 좋아한다. 봄의 꽃이나 가을과 겨울의 꽃들은 곱다는 점에서는 일치하나 어쩐지 그 뒤에 가려진 비애 같은 걸 느끼게 된다.

　우리가 신록 속에 있으면 영원히 젊음을 간직할 것 같은 안정을 얻는다. 올해에도 어김없이 우이동牛耳洞 골짜기는 신록으로 뒤덮여 있었다. 작년에도 아니 재작년에도 와 본 곳이라고 싫증난다는 사람이 아무도 없었다. 혼자 거닐어도 좋고 친구와 거닐어도 좋지만 연인과 거닐면 더욱 좋은 곳일 뿐이다. 등산복 차림의 남녀 얼굴엔 초록 물감이 배어들어서인지 더욱 건강한 모습들이다.

　나는 고향 친구들과 야유회에 참석한 것이지만 춤추고 노래하는 덴 취미가 없어서 혼자 숲 속을 거닐었다. 한눈으로 바라보면 한결같이 푸르기만 한 숲이지만, 가까이 나뭇잎 하나하나 살펴보면 나무마다 다른 모양의 잎을 보여 주었다. 마치 꽃잎의 모양이 각각이듯 이 색깔 역시 한결같이 초록 같지만 자세히 보면 연초록·진초록 등 수없이 구분되는 빛깔을 지녔다.

이 맑은 물과 푸른 숲에서 하루를 즐긴다는 것도 그만큼의 행복을 소유한 셈이 된다. 여기저기엔 가족 동반의 즐거운 정경이 눈에 띄었다.

나는 무심히 한 자리의 부부에게 눈을 주었다가 보기 드문 광경을 목격하였던 것이다. 다섯 살쯤 되어 보이는 딸을 데리고 나온 부부였는데 너무나 대조적인 인물이었다. 여자는 보통 키가 넘는 미인형인데 남자는 바로 보기에도 민망스런 꼽추였다. 아무리 보아도 어울리지 않는 부부였다. 저런 꼽추인 남자가 어떻게 저처럼 아름다운 여인을 아내로 삼았을까 싶을 만큼 차이가 있어 보였다.

개울의 바위에 아내와 딸이 앉아 있고, 꼽추 남편은 그 불편한 몸으로 뷰렌즈로 피사체를 들여다보면서 카메라를 조작하고 있었다. 자동 셔터를 누른 모양인지 제딴엔 빠른 동작으로 아내 옆에 앉는 것이었다. 카메라의 자동이 잘 안 듣는지 그 동작을 몇 번이나 반복했다. 몇 번 만엔가 제대로 찍혔다 싶었는지 딸을 가운데 앉힌 두 부부가 서로를 보면서 환하게 웃었다.

두 사람이 어떤 연유로 부부가 되었는지 알 바가 아니다. 보통 상식으로는 도저히 이해가 안 되는 부부였지만 여인의 밝은 표정으로 보아서 그녀만 전적으로 희생되는 것도 아닌 성싶었다. 만일에 본의 아닌 결혼을 한 사이라면 남들 앞에 떳떳하게 나설 수가 없을 것이 아닌가. 더욱이 시샘이 많은 여심女心이 어떻게 남들과 비교가 되는 곳에 놀이를 올 수 있으랴.

　다른 데 가서 또 사진을 찍으려 함인지 그 자리를 떠났다. 부인이 앞장을 서고 뒤에 남편이 딸을 무동 태우고 따라가는데, 나는 웃을 수가 없었다. 부인의 키와 무동 탄 아이의 키가 같은 게 어찌 우습지 않으랴만.

　신록의 빛깔과 그 부인의 수박색 옷 빛깔이 한 빛깔처럼 보였다. 아니 이때처럼 여인의 옷 빛깔이 아름답게 보였을 때도 없는 것 같다.

　나는 그 여인의 옷 빛깔보다도 더욱 밝고 아름다운 신록의 미를 여인의 마음에서 보는 것만 같았다.

(1975)

증기기관차

 증기기관차蒸氣機關車가 이땅에서도 사라진 지가 벌써 3년이나 지났건만 이따금 나는 향수처럼 생각나는 것이었다. 디젤기관차가 운행되고 고속버스가 교통수단의 총아寵兒가 된 지금에 석탄 연기를 뿜어대며 느린뱅이였던 증기기관차를 그리워하는 데엔 내 나름의 이유가 있어서였다.
 나의 고향엘 가려면 노령 터널을 통과해야 되는 것이 심란스러웠다. 세칭 십리굴이라는 긴 터널을 통과할 때마다 여러 가지 기우杞憂를 하게 된다. 시효時效가 넘었다고 들었는데 무너져버리지나 않을까? 그보다도 내가 중학교 1학년이었을 적 기차가 터널 가운데에서 기운이 빠져 헐떡거릴 때 죽을 뻔했던 기억으로서다.
 그때만 해도 시골에서 서울로 유학을 한다는 것이 어린 가슴을 여간 부풀게 했던 것이 아니다. 그래서 방학이 되던 날 바로 하향의 기차에 오르기 마련이다. 편지를 해놓았으니 어머니가 마중을 나오실 거라고 생각하면 마냥 즐거웠다. 노령 터널은 일명 '장성 갈재'라고 하는데 전남과 전북의 경계가 되는 곳이다.

기차가 굴에 진입進入하면서 어째 기운이 모자라는 것 같다 싶더니 아니나 다르랴. 터널 중간에서 식식거리고 진퇴만 반복할 때 제일로 어머니를 못 보고 죽을까 봐 겁이 났다. 조금 전에 차창 밖으로 얼굴을 내밀다가 날아든 석탄 끄름에 안구眼球가 쓰라려 더 고통스러웠다. 어머니는 아마 시오릿길은 걸어나오셨을 텐데…….

어떻게 기운을 회복한 기차가 굴을 벗어나서 쉬는 사거리 역에서 내려 육십 리 길을 걸어갔다. 서울에도 승합마차가 다니던 때여서 걷는 수밖에 없던 8·15 해방 몇 해 뒤의 이야기다.

이십 리나 걸어나오신 어머니가 신작로 모퉁이에서 기다리고 계신 것을 본 나는 달려가 어머니에게 안겨 엉엉 울어버리고 말았다. 나는 그렇게도 어렸다. 고향에 가서 우쭐대고 싶은 마음도 없지 않았지만 제일로 어머니가 보고 싶어서 방학을 하면 하루도 지체하지 않고 하향열차에 올랐던 것이다.

내가 기차를 처음 본 것은 아주 어려서였지만 가까이서 보기는 국민학교 1학년 적이었다. 광주선이 시오리 밖으로 통과하고 있을 적이었다. 1학년 때 소풍을 쌍다리로 갔기에 그 위로 불똥을 흘리면서 지나가는 철마를 보았다. 숯불통을 꽁무니에 달고 가는 버스 뒤를 좋아라고 쫓아가던 시골 아이 눈에는 퍽 신기하게 비쳤을 것은 물론이다.

그 후 얼마 지나지 않아서 단말마의 안간힘을 쓰던 일제가 소위 대동아 전쟁을 수행하는 데 무기를 제작할 철이 부족하다고 광주선 레일을 철거해 갔다. 쌍다리 하나엔 자동차가 지나가고 그 다른 하나엔 기차가 기운차게 기적을 뽑으면서 달릴 때 그 아래 냇물(영산강의 한 줄기)에서 송사리 떼를 몰다가도 멍하니 기차를 쳐다보던 시절이 있었던 것이다.

내가 기차를 처음 타본 것은 국민학교 6학년 때이다. 목포로 수학여행을 가면서였다. 그때 나는 기관수로 있다는 먼촌 아저씨가 퍽 훌륭하다고 생각되었다. 차미車尾가 아득하게 긴 차체를 어떻게 위태로운 저 철길 위로 운전할 수 있는 것일까? 아저씨 말이 기차 운전처럼 어려운 건 없다고 했다. 탄탄한 대로를 달리는 자동차도 때로는 벼랑에 떨어지기 쉬운데 그 무겁고 긴 기차를 위태로운 철길 위로 굴러가게 운전한다는 것은 보통 기술로는 어림도 없다는 것이다. 국민학교 6학년이 되어서도 아저씨 얘기를 액면額面대로 믿었으니 지금 생각해도 웃음이 나온다.

기차를 볼 수가 없고 기적소리마저 들리지 않는 나의 고향이 얼마나 궁벽한 곳인가는 짐작하기에 어렵지 않을 것이다.

비온 뒤로 기압이 낮은 날 같은 때는 오십 리 바깥으로 장성 신흥역을 통과하는 호남선 기적이 들리곤 해서 서울을 동경하는 소년·소녀의 가슴들을 설레게 하였다. 버스로 쌍다리를 지나칠 때마다 그 옛날 동심을 살찌게 했던 철교의 잔해殘骸를 안타깝게 생각하고 있었는데 다행히 광주선 복구공사가 진척되고 있는 만큼 비록 석탄 연기와 기적을 못듣는다 해도 쾌속의 디젤 기관차가 달리면 내 고향의 면모는 달라질 것이겠다. 담양을 거쳐 순창·남원의 전라선으로 접선되면 시효 넘은 노령 터널을 지나지 않아도 되는 거 아니냐.

신진대사新陳代謝의 원칙은 어디에서고 이행되는 모양이다. 터널에서 죽을 뻔했고 석탄 끄름으로 눈알이 쓰라려 고생이 되었던 느림보 증기기관차가 물러가고 참신한 디젤기관차가 운행되고 있는 것이 싫을 까닭이 없으면서도 여운 없이 멋없게 토하는 고동소리보다도 낡은 증기기관차가 어머니처럼 정이 가는 것은 어인 까닭이었을까?

나는 기적소리를 찾아 어디든 떠나고 싶은 충동을 자주 받았다. 나의 여심旅心을 달래주던 기적소리가 어머니의 목소리인 양 못 견디도록 그리웠던 것이다.

어머니가 세상을 떠나신 지 7년의 세월이 흘렀다. 항상 이용자로부터 불평만을 듣고도 군소리 없이 수송업무를 다하고는 또 조용히 물러간 증기기관차처럼 많은 자식을 기르시기에 하루도 편한 날이 없으셨던 어머니가 홀연히 세상을 떠나신 일이 가슴에 사무치는 것이다. 낡은 증기기관차에서처럼 어머니를 괴롭히던 우리 자식들은 지금 이같이 파란 하늘 아래 건재한데 어머니는 어디 계시기에 목소리 한 번 안들려 주실까.

생활 근거지를 서울로 정하고 식구 모두가 고향을 떠나버려 어머니 산소에 자주 성묘도 못하게 된 불효자가 아련히 기적소리를 찾아 귀를 기울여 본다.

(새가정 70 · 10월호)

바보네 가게

우리 집 근처에는 식료품 가게가 세 군데 있다. 그런데 유독 '바보네 가게'로만 손님이 몰렸다.

'바보네 가게' 어쩐지 이름이 좋았다. 그 가게에서 물건을 사면 쌀 것같이만 생각되었다. 말하자면 깍쟁이 같은 인상이 없기 때문에, 똑같은 값을 주고 샀을지라도 싸게 산 듯한 기분을 맛볼 수 있었다.

나는 아내에게 어째서 '바보네 가게'라고 부르는가고 물어보았다. 지금 가게주인보다 먼저 있었던 주인의 집에 바보가 있었기 때문에 다들 그렇게 불러오고 있었는데, 지금의 주인 역시 그 이름을 싫지 않게 여기고 있다는 것이다. 그 집에서는 콩나물 같은 건 하나도 이윤을 보지 않고 딴 가게보다 훨씬 싸게 주어버려 다른 물건도 으레 싸게 팔겠거니 싶은 인상을 주고 있다는 거다.

어느 작가의 단편 〈상지대商地帶〉의 이야기가 생각난다. 똑같은 규모의 두 가게가 마주 대하고 있는데, 계산에 밝은 인상의 똑똑한 주인의 가게는 파리만 날리고 바보스럽게 보이는 주인의 가게는 손님이 많아 장사가 잘되었다. 도대체 그 이유가 무엇일까?

바보 주인의 상술인즉 이러했다. 일부러 말도 바보스럽게 하면서 행동을 하면 손님들이 멍텅구리라 물건을 싸게 주겠거니 하고 모여든다는 것이다. 사람마다 자기가 똑똑하다는 걸 인식할 때 매우 만족스럽게 생각한다는 심리를 역으로 이용한 거다.

바보와 비슷한 이름이 여러 개 있다. '멍텅구리 상점', '돼지 저금통', '곰 선생'. 이 얼마나 구수하고 미소를 자아내는 이름들인가.

'멍텅구리 상점'은 '바보네 가게'와 비슷하니 설명을 생략하고 '돼지 저금통'과 '곰 선생'을 이야기해 보자.

우리 집에 돼지 저금통이 몇 개 있다. 돼지꿈을 꾸면 재수가 좋다는 말도 있듯이 집에서 남자아이들을 흔히 애칭으로 '돼지'라고 부르는 걸 볼 수 있다. 돼지는 아무거나 잘 먹는 소탈한 성품이어서 자손이 귀한 집 아들 이름을 돼지라고 하는 수가 있다.

우리 아이들은 내가 신발 닦은 값이라도 주면 눈꼬리가 길게 웃고 있는 돼지 저금통 안에 넣어주고 싶은 모양이다. 내 아내도 50원짜리 은전을 꼭꼭 자기 돼지 저금통에 넣어오고 있다. 그래서 나는 50원짜리 은전이 생기면 퇴근 후에 윗옷을 받아드는 아내의 손바닥에 한 닢 혹은 두 닢을 놓아주는 것이 즐거움의 하나가 되었다.

돼지를 미련한 짐승으로 보지만 그렇지만도 않다. 우악스럽게 기운이 센 멧돼지가 힘을 내면 호랑이도 잡는다. 아무리 영악스런 호랑이지만 멧돼지가 어느 순간을 보아 큰 나무나 바위에 대고 힘대로 밀어버리면 호랑이는 영락없이 죽고 만다.

바보스런 웃음으로 우리 아이들과 내 아내의 동전과 은전을 주는 대로 삼킨 돼지 저금통이 어느 땐가 위력을 부리면 급병이 난 식구를 구해줄 수도 있다고 믿어질 때 더없이 애착이 간다.

누구나 학교 다닐 때 '곰 선생'이란 별명을 지닌 선생님을 기억하고 있을 것이다. 우직스러운 듯하지만 한없이 좋은 선생님이 아니던가. 그러나 이 선생님이 화나면 그 어느 선생님보다도 무섭다.

곰은 절대로 미련한 짐승이 아니다. 둔한 동작으로 시냇물 속을 거닐다가 물고기가 나타나면 앞발을 번개같이 놀려 잡아낸다. 파리채로 파리를 잡듯이 그 넓적한 발바닥으로 물탕을 치는 동작이야말로 '곰'이 아니라 하겠다.

친구를 사귈 때에도 너무 똑똑한 사람은 어쩐지 접근하기가 망설여진다. 상대방에게서도 만만한 데가 보여야 이쪽의 약점과 상쇄가 가능해서 허물없이 교분을 쌓을 수가 있는 법이다. 그런데 저쪽이 빈틈이 없는 사람이라면 항상 이쪽이 못난 놈으로만 비칠 것 같아 싫을 수밖에.

세상의 아내들도 조금 바보스럽거나 일부러라도 바보스럽기를 바라고 싶다. 이 말에 당장 화를 내실 분이 있을 듯하다. 어떤 못난 남자가 제 아내가 바보스럽기를 바랄 것이냐고. 옳은 말씀이다. 내가 말하려는 바보는 그런 통념의 바보가 아니다.

특히 남자들은 직장에서 항상 신경을 곤두세우고 있다. 바보 취급받지 않으려고 노력하는 것이지만 경쟁의식은 노이로제 증상을 일으키고 열등감으로 피로가 겹친다. 이 샐러리맨이 가정에 돌아가면 또 아내라는 사람에게 신경을 써야 한다. 연탄값, 쌀값, 학비, 의복비 등 수없는 청구서를 내밀면서 지난달에도 얼마가 적자인데 언제까지고 이 모양 이 꼴로 살아야 하느냐고 따지면 무능한 가장은 더욱 피로가 겹친다. 쉴 곳이 없다. 이런 경제능력 말고도 똑똑한 아내에게 이론에 있어서 달리면 열등 콤플렉스가 되어 엉뚱한 짓을 저지르기 쉽다.

내 생각으로는 대부분의 우리 아내들이 짐짓 바보인 척하는 것 같다. 유행에 둔감한 척 의상비를 자주 청구하지 않는 것은 남편의 수입을 고려함이요, 무슨 일로 기분이 상했는지 대포 몇 잔에 호기를 부리고 대문을 두드리면 영웅 대접하듯 맞아들이는 매너야말로 활력의 '충전充電' 바로 그것이라 하겠다.

어쩌면 내 집이 바보 '바보네 가게'가 아닌가 한다. 돈은 물론 무엇이든 부족하게 주는 나에게 반대급부가 너무 융숭하기 때문이다. 여섯 살짜리 막내 딸아이는 10원만 주어도 아빠에게 뽀뽀를 해주고 그리고 또…….

(1973)

초상화

　어느 날 아내와 같이 육교 위를 지나다가 아버지에게 드릴 선물을 하나 샀다. 아내가 옆구리를 툭 건드리면서 저거 하나 사자고 해서 돌아보았더니 손톱깎기 · 주머니칼 · 구두주걱 등을 길바닥에 놓고 파는 가운데 대나무로 만든 등긁이(노인들이 등을 긁는 데 쓰는 기구)가 있었던 것이다. 나는 지금까지 그런 것들을 예사로 보아 왔던 것이다. 확실히 여자들의 눈은 자상한 데가 있다.
　아내는 시장에 다녀오면서도 으레 아버지 드릴 과일 같은 걸 사 왔다. 언젠가는 아버지 방에 들어서니까 향그러운 냄새가 확 풍기었다. 눈여겨보니 책상 위에 어린아이 머리통만큼 큰 유자가 한 개 놓여 있었다.
　"어멈이 사다 놓더라."

이런 아버지의 말씀에서 나 자신이 효도했다는 생각이 들기도 했다. 사실 나로서는 직접적으로 아버지한테 어떤 효성을 표시할 수가 없었다. 설령 내가 생각해낸 일일지라도 아내를 통해서 표현해 왔던 거다.

어려운 시집살이 얘기 중 이런 것이 생각난다.

"나막신을 신고 외벽을 탈 테냐. 홀시아버지를 모실 테냐." 를 물으면 대부분의 여자들은 전자를 택하겠다고 답한다는 것이다. 홀시아버지를 모신다는 일이 얼마나 어려운 것인가는 설명이 필요치 않다.

나의 어머니는 10년 전(1964년)에 신장염으로 돌아가셨다. 그 후로 나는 아내로 하여금 딸도 없는 우리 아버지를 친아버지처럼 모시도록 당부를 하였지만 마음은 항상 송구스럽기만 했다. 면환免鰥을 해 드렸어야 자식된 도리라는 것쯤은 모르지 않았지만, 건강이 나쁘신 분에게는 그 길만이 효성이 아닌 줄로 알아 오늘에 이르고 말았다. 칠순이 다 되신 아버지는 이제 가실 날만 예비하시는 모습으로 일요일이면 교회에 다녀오시는 것이 유일한 낙이 된 것처럼 보였다.

나는 아이들에게 할머니의 모습을 사진으로라도 인식시켜 주려 했지만 헛수고에 그칠밖에 없었다. 생전에 사진이라고는 도무지 찍으려 하지 않으셨기 때문에 독사진 하나가 없고, 다만 여러 사람과 함께 찍힌 카메라 사진은 몇 장 있었지만 녹두알 크기의 어머니 모습을 도저히 아이들에게 인식시킬

재간이 없었다.

　어머니의 유품에서 겨우 도민증 사진을 발견할 수 있었다. 지금의 주민등록증처럼 비닐 케이스에 들어 있지 않았던 것이라 모습을 선명하게 알아볼 수 없을 만큼 구겨진 것이지만 퍽 소중하게 여겨졌다.

　지난해의 일이다.

　나는 S지의 원고료를 받아 넣고 나오는 길에 광화문에 있는 어느 초상화 집에 들러 어머니의 초상화를 부탁했다. 내가 굳이 원고료를 가지고 어머니의 초상화를 맡긴 데는 이유가 있다.

　군에서 제대하고 나와 취직도 못하고 밤늦도록 원고를 쓰고 있자니까, 옆에 계신 어머니가 그걸 써내면 돈이 되어 나오느냐고 물으셨다. 나는 고개를 끄덕여서 그렇다고 대답해 드렸던 것인데, 그 글이 발표되기도 전에 53세밖에 아니 된 연세로 이승을 떠나 버리신 일이 뼈에 사무치게 한恨되었다. 글이라고는 '개조심猛犬注意' 정도밖에 해득을 못하시는 어머니가 아들들의 학비를 보태신다고 남의 문전을 기웃거리는 행상의 고달픈 하루하루를 보내시다가 그리 되신 것이다. 더욱이나 문학이 무엇인지는 전혀 짐작도 못하시면서 그저 대단한 것으로 여기시고 거기에다 돈(원고료)이 나온다는 사실에 그토록 대견스럽게 아셨던 어머니에게 언젠가는 한 권의 책으로 내어 그분의 영전에 바칠 생각을 하고 있다.

초상화를 찾아다가 아이들에게 보이면서 할머니라고 일렀더니 여섯 살 막내가 할머니 아니라고 했다. 도민증을 발급받기 위해 찍은 사진이라 45세 되시던 때의 모습인 만큼 아이들 눈에는 할머니라는 이미지가 부각되지 않는 모양이었다.

나는 어머니의 초상화를 아버지 방에 걸어드렸다. 보고 또 보더니 좌우로 흔들면서 "틀리다!" 하셨다. 이처럼 자식으로서 듣기 거북한 말씀이 어디 있으랴. 돌아가신 어머니를 어떻게 아버지 앞에 부활하도록 해 드린단 말인가.

구겨진 도민증 사진을 그렸는데 도저히 똑같게는 재생시킬 수가 없음은 너무도 당연하다. 사실 선명하게 찍힌 사진이 있어서 그와 똑같은 초상화를 그렸다고 해도 아버지는 "틀리다!"고 말씀하셨을 것이다. 돌아가신 어머니가 다시 살아오는 기적이 이뤄지지 않는 한 아버지는 여전히 "틀리다!"고 하시리라.

많지 않은 돈을 주고 산 등긁이였지만 이번에도 아내를 시켜 아버지한테 드리도록 했다.

저녁에 자리끼를 들고 아버지 방에 건너갔다가 돌아온 아내가 즐거운 표정을 지었다. 그러잖아도 하나 있었으면 해서 찾아보았지만 구할 수가 없었는데 네 눈에는 그것이 보이더냐고 무척 좋아하시더라고 전했다.

"틀리다!"고 섭섭해하시기도 했건만 어머니 초상화가 들어 있는 사진틀은 먼지 하나 없이 말끔하게 닦여져 있었던 것이다. 유복녀로 자라 어린 나이에 시집오셔서 가난한 집 살림살이를 꾸려 가시기에 너무 고생만 하다가 돌아가신 어머니 생각이 문득문득 나실 때마다 아버지는 사진틀을 내려서 없는 먼지도 닦고닦고 하신 것 같았다.

(1973)

진실의 기록이어야
– 수필은 어떻게 쓰는가

 명색이 수필을 쓰는 사람으로 알려져 있어서인지 곧잘 "수필이란 어떤 것인가?"라는 질문을 받게 된다. 나는 이럴 때 퍽 곤혹을 느끼곤 했다. 몇 마디로 수필의 정의를 내려 말할 자신이 없기 때문이다.

 수필隨筆을 으레 문자 그대로 "붓 가는 대로, 생각나는 대로 쓰는 글"이라고들 말하고 있지만 그렇게 안이한 말로 모면하고 싶은 생각은 추호도 없다. 나는 혼잣말처럼 이렇게 중얼거려본다. "수필이란 걸 설명하라면 나는 모르겠다고 할 것이다. 그러나 설명하지 않아도 좋다면 나는 안다고 할 것이다." 이 말은 아우구스티누스(로마 말기의 종교철학자)가 '시간'이란 것에 대해서 쓴 《고백록》의 한 대문을 인용한 것인 바 '시간' 대신 '수필'이란 말을 넣어 나 나름의 변명을 해 보앉을 따름이다.

〈수필은 어떻게 쓰는가?〉 - 이것이 나에게 주어진 제목이다. 다시 한 번 곤혹을 느끼게 하는 청탁이라고 생각되어 사양하고 싶은 생각이 간절했으나 내가 쓰지 않는다고 하면 역시 다른 사람이 곤혹을 면치 못할 것 같아 하는 수 없이 붓을 들긴 하였지만- 아마 모르면 몰라도 시나 소설을 어느 누군가가 쓴 '작법'을 읽고 썼다는 말을 곧이들을 사람은 아무도 없을 것이다. 무슨 틀型 같은 것이 있어 가지고 거기에 맞추어 써넣기만 하면 작품이 된다고 한다면 문학을 하등 창작행위의 소산이라고 말할 필요가 없지 않겠는가 말이다.

나는 수필 한 편을 청탁받고 나면 참으로 망연茫然해지는 느낌을 어쩌지 못한다. 그러면서도 무슨 계시를 받고자 하는 구도자求道者인 양 마음이 순수해진다.

무릇 문학 작품은 테마主題가 잡혀야 붓을 들 수가 있다. 좀더 쉽게 말하자면 무엇을 쓸 것인가 하는 바로 그 '무엇'을 뜻하는 말인바, 그것을 형상화하기 위해서는 소재가 필요하다. 연극을 하려면 소도구가 필요하듯이 한 편의 수필을 쓰려면 소재를 동원해야 한다. 작가는 소재 하나하나가 주제를 표현해주는 데 유기적인 효과를 갖도록 소재 선택을 적절히 하여 '수필'이라는 옷감을 짜내야 하는 것인데, 그게 그렇게 쉽지가 않다.

수필을 부담없이 읽을 수 있다고 해서 쓰기도 쉬운 글이라고 생각한다면 이야말로 잘못된 견해라고 본다.

　작가는 고심참담 어렵게 쓰는 것이지만 독자에겐 쉽게 읽혀져야 되고 기쁨을 선사해야 된다. 무릇 예술 작품을 가까이 하는 건 어떤 희열을 맛보기 위함이기에 수필이라고 해서 예외가 될 수는 없다. 다만 수필이 시나 소설과 다른 점이 있다면 쓰는 것과 씌어지는 것의 차이라고 할 수 있다. 수필은 후자인 '씌어지는 글'이기에 글 첫머리에 쓴 것처럼 "붓 가는 대로, 생각나는 대로 쓰는 글"로 잘못 인식되고 있는 것 같다. 여기에 내포된 뜻은 자연스러움인 것이다. 어느 경지에 이른 사람만이 쓸 수 있는 말이라 하겠다. 설익은 생각은 아무리 아름다운 말로 꾸민다고 해도 역시 부자연스러운 법이다. 그래서 금아琴兒 선생의 표현을 빌리자면 "수필은 청춘의 글은 아니요, 서른여섯 살 중년 고개를 넘어선 사람의 글"이라고 하는 것인지도 모르겠다. 그렇다면 중·고교 학생들은 수필을 쓸 수 없단 말이냐고 반문이 나올 법한데, 거기에 대해서 나는 이렇게 생각하고 있다.

　글에도 반드시 분수라는 것이 있는 법이다. 자기 생각의 깊이에 알맞은 글을 써야만 어색한 느낌을 주지 않는다. 그러므로 중학생은 중학생대로 고등학생은 고등학생대로 그 연령에 그 사람의 느낌으로만 가능한 자연스러운 표현의 글을 쓴다고 하면 그 나름의 좋은 수필이 될 수가 있다고 본다.

　우리가 수필을 쓸 때 다 같이 경계해야 하는 것은 과욕을 부려서는 안 된다는 점이다. 다시 말하면 '척'은 금물이다. 잘난 척, 아는 척하고 표현한 글을 정작 그 문제에 밝은 사람이 읽으면 얼마나 가소롭게 생각하겠는가. '척' 하려고 하면 꾸밈이 있어서 자연스럽지가 못해 읽는 이에게 개운찮은 느낌을 주어 수필로서는 실격이 아닐 수 없다.

수필은 '사실'을 기록하는 것이 아니라 '진실'을 기록하는 문학이다. 진실은 곧 아름다움인 것이고 아름다움처럼 사람을 감동케 하는 것은 없다. 진실은 마음이 아름다운 사람에게만 발견된다. 어느 사물에서 아름다움을 발견하려면 마음의 창을 말갛게 닦아놓을 필요가 있다.

화가는 화가로서의 미를 추구하는 눈을 가지고 있듯이 수필가는 수필가로서의 눈을 지니고 아름다움을 추구한다. 다시 말하면 자기의 렌즈(눈)를 가지고 그 렌즈를 통해 비친 진실을 포착하면 되는 것이라고 말하고 싶다.

다만 이 진실을 진실되게 표현하기 위해서는 문장이 잘 다듬어져야 할 것임은 두말 할 필요도 없으리라. 아름다운 꽃은 예쁜 꽃병에 담겨 있을 때에 한층 더 아름다움이 돋보이는 법이기에.

"미는 그 진가를 감상하는 사람이 소유한다. 비원秘苑뿐이랴. 유럽의 어느 작은 도시, 분수가 있는 광장의 비둘기들, 애비뉴라는 고운 이름이 붙은 길, 꽃에 파묻힌 집들, 그것들은 내가 바라보고 있는 순간 다 나의 것이 된다. 그리고 지금 내 마음 한구석에 간직한 나의 소유물이다."

내가 좋아하는 수필 가운데 하나인 〈비원〉(피천득)의 한 대문이다. 달은 하나인 것이지만 그것을 쳐다보는 사람의 느낌에 따라서 여러 개의 달이 될 수도 있다. 감정이입感情移入에 의한 달의 창조인 것이다. 마찬가지로 우리들의 비원도 보고 느끼는 사람에 따라서 소유가 달라지는 것이라고 말할 수가 있겠다. 일단 자기가 소유한 아름다움도 그것이 하나의 작품으로 표현되었을 때에는 그 진실의 파장波長이 다른 사람의 가슴에도 공감대를 형성하게 마련이다. 이 공감대의 진폭이 클수록 많은 사람에게 즐겨 읽히는 수필이라고 말할 수가 있을 것이다.

사실 수필이란 나 자신의 경험에 비추어보아도 쓸 때마다 어떻게 쓰면 되는 것인지 암담하였지만 그래도 무엇인가를 꼭 형상화하고 싶은 강력한 충동을 받아 써보았을 따름이다. 그러니까 써나가는 도중에 비로소 어렴풋이나마 찾아진 길을 따라 붓을 놀리게 된 것이 수필 한 편씩을 써내곤 했던 것인데, 다음에 또 다른 작품을 쓰려고 하면 앞의 작법은 아무 필요도 없고 새로운 길을 찾아 고심하게 마련이다. 기실 수필은 어떤 형식에도 매이지 않는 자유로운 형식이면서 쓸 때마다 새로운 작법을 요구하는 문학이 아닌가 생각한다.

(1978)

孝道山行

 지난 일요일에 아버지를 모시고 의정부 교외에 위치한 산을 구경갔다. 언제부터 가보자고 하신 것을 일요일이면 청탁 원고 쓰는 일 등으로 바쁘기도 하고 숙부 또한 사업 관계로 틈을 내기가 어렵다고 해서 미뤄오던 일을 오랜만에 아버지의 청을 들어 드리게 되어 나의 마음도 좀 홀가분해졌다고나 할까 어쨌든 이번 산행山行은 잘한 일이라고 생각된다.
 독자의 이해를 돕기 위해 미리 설명을 한다면, 의정부 근교에 조그만 가족 묘지를 사놓았는데, 노부老父께서 그것을 보러 가자고 하신 것이다. 팔순八旬의 아버지는 자나깨나 그 생각을 하고 계셨는지 승용차 안에서도 기대에 찬 얼굴을 하고 계셨다. 사실은 나도 그 산을 구경한 바가 없어서 나 나름의 상상을 해보기도 했다. 이왕이면 좌청룡左靑龍 우백호右白虎

가 분명하게 내려온 산세山勢에다 그 앞으로 조그마해도 물이 맑은 내가 흐르고 있었으면 하고…….

이 산은 고향의 한마을 친구들과 공동으로 구입한 것인데, 우리 집에 해당되는 구좌(?)는 전적으로 숙부에게 위임했던 만큼 얘기만 듣고 아우들과 의논해서 결정한 일이라서 따지고 보면 내가 부담한 돈이란 것도 기실 얼마 되지 않는데 산을 샀다고 하는 얘기를 쓰자니 겸연쩍은 감도 없지 않다.

고향이 너무 멀다 보니까 자주 갈 수도 없으려니와 자연 조상의 산소에 성묘하는 일도 태만해서 차라리 서울 가까운 산으로 면례緬禮를 모셔야겠다는 생각을 한 지가 오래다. 이와 같은 생각은 나만 하고 있었던 것은 아니다. 고향을 떠나 살고 있는 다른 친구들이나 나의 숙부도 마찬가지로 늘 염두에 두고 모색을 해왔기에 그 이야기가 누군가의 입으로부터 나오자 쉽게 뜻을 같이하게 된 것으로 생각한다.

마침 날씨도 쾌청한 데다 신록의 계절이고 보니 차창 밖의 풍광이 한층 더 아름답게 보였다. 가로수로 심어 놓은 포플러 나무는 훈풍에 기름이 도는 이파리들을 손짓처럼 흔들고 있다. 산의 소나무·밤나무·떡갈나무들도 세수를 한 소년처럼 한결 밝은 얼굴들이었고, 그 사이사이 핀 철쭉꽃은 자꾸만 고향의 산과 내로 나의 생각을 달리게 한다.

도시의 번잡 속에서 심신이 곤비困憊해지면 생각으로나마 나의 영혼이 잠시의 휴게休憩라도 취할 곳은 고향의 산천인 것이다. 그런데 나의 아이들은 고향에 대한 의식이 분명치 못하다. 시골에서 출생한 아이는 시골이 고향이라 하고 서울에서 출생한 아이는 서울이 고향이라고 하질 않는가. 나는 이 아이들에게 아빠의 고향이 바로 너희들의 고향이기도 하다고 말해 주었건만 별로 공감을 안 해 준 것을 기억한다.

나는 생각했다. 이번 가족묘지의 결정은 우리 아이들에게 불확실하나마 하나의 고향 의식을 정착시켜 주는 작업이기도 하다. 할아버지가 거기 묻히고 또 아버지가 묻힌다면 추석 명절 때는 그곳에 성묘를 하러 갈 것이고, 그 의식이 거듭되는 가운데 그들도 하나의 향수를 가슴속에 간직하며 살게 될 것이라고 말이다.

차가 마침내 의정부시를 지나 노폭이 좁아진 면도面道로 접어들자 나의 가슴은 설레기까지 했다.

농가의 마을들을 지나고 물이 졸졸 흐르는 시냇물을 따라 야트막한 산 밑에 차가 멈추었다. 아버지를 부축해서 그 산에 오르는데, 이리저리 살펴보시더니 "참 좋다!"를 연발하시는 것이 아닌가. 그 탄사는 나도 마찬가지로 연발할 만큼 주위 풍광에 놀라지 않을 수 없었다. 어쩌면 그리도 상상으로 그린 것하고 똑같은지······.

아버지는 그 옛날 당신 할아버지의 묘를 정하면서도 지관地官을 불러 함께 여러 산들을 돌아본 경험이 있으시기 때문에 풍수지리風水地理에 상당한 안목도 갖고 계신 것으로 안다.

그런 아버지가 사 놓은 산을 보시고 좋다고 하셨으니 풍수지리설로 보아도 명당을 잡은 셈이 아닌가 한다. 생전의 부모를 모시면서도 터가 좋은 자리에 지은 집에 사시게 하는 것이 도리에 맞는 일이듯이, 돌아가셔서 사실 유택幽宅 또한 터가 좋은 곳에 정해 드리는 것이 백 번이라도 마땅한 노릇이 아니겠는가 싶으니, 뒤늦게나마 불효를 조금이나마 덜게 된 것이 다행이라 싶었다.

수필에도 쓴 적이 있거니와, 나는 돌아가신 할머니를 공동묘지에 모신 일이 있다. 그러면서 그 옆의 공지가 괜찮아 보여 숙부와 상의하여 그 자리에 가묘假墓를 쓴 것이다. 아버지가 돌아가시면 거기 모시려고. 어느 해 추석에 할머니 산소에 성묘를 갔는데, 아버지는 문제의 가묘를 가리키며 탄식을 하셨다.

"저 묘를 좀 봐라. 성묘하는 자손들이 없어서 벌초도 안 해주니까 저토록 볼썽사납지 않느냐."

다음 해 성묘를 갔을 때는, 가묘의 벌초도 해야겠다 싶어 할머니 묘를 벌초한 다음 그 가묘께로 옮기려고 했더니, 아버지가 헛일을 하려느냐고 나무래시는 것이 아닌가.

아뿔사! 아버지께서 내가 쓴 수필을 읽고 만 것이다. 그 일을 알고부터 아버지는 지지리도 '집복'을 타고나지 못했다고 신세를 한탄하셨을지도 모른다. 지금 그 일을 떠올리시고 뒤늦게나마 동생과 자식들이 '좋은 집'이 될 수 있는 터를 마련한 것에 대해 일말의 감회에 젖고 계신 것일까?

볕이 잘 드는 자리의 잔디밭에 풀썩 앉으시더니 나중에는 팔베개를 하고 옆으로 누워 보시기도 하는 것이다. 아버지의 얼굴은 안도의 빛이 완연하다. 숙부도 그 옆에 팔베개를 하고 누워 보신다. 그러자 나도 그 다음의 자리에 팔베개를 하고 누워보고 싶었으나 앉아서 두 분의 얼굴 표정만 보는 것으로 그치고 천천히 산을 내려왔다.

뒤에서 보니 숙부의 머리가 아버지보다도 더 백발이다. 만일 내가 염색을 안 했더라면 먼데 사람의 눈에는 영락없이 '삼노인도三老人圖'로 비칠 것이라 싶으니 우울한 생각이 들기도 한다. 아버지와 숙부의 연세 차이가 많은 편이니까, 아버지 돌아가시고 나서도 상당한 세월이 흐른 다음 숙부가 돌아가셔야 되고, 또 그 후로 그만큼의 세월은 흘러서 내가 거처를 옮기게 되리라.

그리고 보니 우리 세 사람은 똑같이 장차 이사해서 살 집을 보러 간 것이 된 셈이다. 분묘墳墓의 사상도 시대의 흐름에 따라 많이 달라졌다고 보겠지만 어쨌든 그 문제에 대해서 관심을 적지 않게 갖고 계시는 아버지께 조금은 효도를 한 듯싶어 제목마저 효도산행孝道山行으로 붙여 본 것이다.

(1983)

額子的 風景

 사진으로 보면 실제의 풍경보다 아름답게 느껴진다. 사진 작가의 시각을 통해서 포착된 것일 때는 더욱 그러하다.
 시골에서 아이들의 외할아버지 내외분이 오셨을 때 '민속촌'에 들러 찍은 사진들을 보고 있으려니 감회가 새롭기만 하다. 액자적額子的인 효과인지는 몰라도 두고두고 기념이 되겠다 싶게 마음을 붙잡는 것이 아닌가.
 방울방울 떨어지는 약수를 표주박에 받아 영감님께 건네주고 있는 할머니, 그걸 벌컥벌컥 마시고 있는 할아버지가 찍혀진 사진은 누가 보아도 아름다운 풍경이 아닐 수 없다. 약수가 떨어지는 바위 모양은 흡사 엎드려 있는 거북 같다. 천년을 산다는 영물靈物인 거북 말이다. 그지없이 다정한 모습으로 찍힌 이 한 장의 사진만 가지고도 아내는 행복한 사람되기에 부족하지 않을 것 같다.

사실은 나도 민속촌 구경은 처음일 뿐 아니라, 지금은 고향에 가도 보기가 힘들다고 하는 초가집·디딜방아·물레·베틀 등을 보고 있자니 짙은 향수가 일어 소년적인 감상에 젖기도 한다.

나는 되도록이면 할아버지, 할머니 내외분을 많이 찍어드렸다. 다음으로는 모녀를, 그리고 나 혼자만은 어느 가난한 집 사립문 앞에서 찍힌 것으로 만족했을 따름이다.

시골 장터의 옹기전 앞에서 찍힌 모녀의 모습이나, 물레방앗간 앞에서 찍힌 그 모녀의 사진을 보고 있으면, 어머니와 딸로 이어지는 '여자의 길'이 어떻다는 것을 말해 주고 있는 것만 같다.

　끝업시 도라가는 물레방아 박휘에
　한닙식 한닙식 이내 추억을 걸면
　물속에 잠겻다 나왓다 돌때
　한업는 뭇기억이 닙닙히 나붓네

　박휘는 끝업시 돌며 소리치는데
　맘속은 지나간 옛날을 찾아가
　눈물과 한숨만을 지어서 줍니다

연포시비蓮圃詩碑 전면에 새겨진 연포 이하윤異河潤의 〈물레방아〉란 시다. 3절까지 다 옮겨 적지 않아도, 두 여인의 심경을 표백表白해 주기에 부족하지 않을 것 같다.

나는 장모님을 보면 문득 돌아가신 어머니 생각이 간절해진다. 장모님은 올해 연세 고희古稀를 넘겨 73세가 된다. 어머니도 살아 계시다면 꼭 그 연세가 되는 만큼, 나는 장모님을 호칭할 때도 그냥 '어머니'라고 부른다. 단순히 '아내의 어머니'라고 해서 그렇게 호칭하는 것이 아니라, 장모님은 어찌 그리도 나의 어머니와 출생에서부터 적빈赤貧의 생활을 감내하는 것까지가 똑같은지, 두 분이 그냥 '어머니'라는 개념으로 짙게 인식될 뿐이다.

어머니는 말이 없으셨다. 누구를 원망하는 것을 들은 일이 없다. 모든 것이 당신의 팔자 소관이거니라고 체념을 하신 때문인지도 모른다.

어머니에겐 '자기'라는 것이 존재하지 않았다. 오직 '남편'과 '자식'만이 존재했을 뿐이었다. 그 '남편'과 '자식'만을 위해 사시다가 53년의 세월만 사시고는 총총히 떠나버리신 것이다.

아내의 어머니도 나의 어머니처럼 말이 없으시다. 물레방아 돌고 있는 앞에 나란히 앉아 있는 두 모녀. 그 사이엔 오고 가는 대화가 없다. 그런데 한 가지 기이하게 생각되는 것은 소리내어 하는 대화는 들을 수 없었지만 이심전심, 그냥 마음으로 다 통하고 있는 듯이 보였다.

나는 장모님의 마음을 조금은 짐작할 것도 같다. 오래전 얘기지만, 딸의 혼사를 정하고 돌아온 영감님이 얼마나 원망스러웠을까. 가난하다는 것도 문제지만, 사위 될 청년이 도무지 미덥지가 못해서 많은 날들을 마음 아파하셨으리라 생각하면, 뵈올 적마다 송구스런 마음 금할 길이 없었다.

장모님은 딸에게 이렇게 말하고 있는 듯이 보였다.

"나는 문학이 무엇인지는 모르지만, 어쨌든 배고픈 직업이라는 건 들어서 안다. 건강이 안 좋은 사람, 돈 못 버는 글쟁이 남편 따라 사느라고 참 고생이 많았을 것이다."

딸인 아내가 뭐라고 대답했는지는 잘 모르겠으나, 어머니가 걱정했던 만큼 그렇게 고생스럽지는 않았다고 대답했을 것만 같다.

아내는 말이 없는 것까지가 자기 어머니를 닮지 않았나 싶다. 호수로 치자면 물새 한 마리 날지 않는 고요한 수면 바로 그것이었다. 좀 답답하다는 생각을 하지 않은 것은 아니었지만, 지금에 와서 생각하니 나의 마음을 언제나 편하게 해 주는 고향 같은 이미지를 주는 존재가 아닌가 한다.

나는 두 모녀가 찍힌 사진을 다시 들여다보았다.

장모님께서 이번에는 이렇게 말하고 있는 것 같다.

"나는 오늘 너에게 좀 칭찬을 해주고 싶다. 용케도 잘 참고 살아 주어서 이제 너도 사위까지 보게 되었다니 말이다."

그리고 이 한 마디 당부 말은 빼놓지 않으셨으리라.

"너의 딸 혼사를 정할 때는 양보해서는 안 되는 것이 있다. 네가 보아서 건강치 못하게 생겼거나 돈벌이가 신통치 못한 직업을 가진 사람일 것 같으면 결코 승낙하지 말아라. 뭐니뭐니해도 여자는 남편 잘 만나야 행복하다."

아마 나의 장모님 생각에는 가난으로 인한 여자의 고생은, 당신과 딸의 2대면 족하지 더 이상 연장되어서는 안 된다는 생각이신 것 같다.

나는 또 하나의 사진을 들고 본다. 아내와 내가 나란히 서서 찍힌 사진인데, 배경에는 '천하대장군天下大將軍'과 '지하여장군地下女將軍'의 장승이 우뚝 서 있다. 대학에 다니고 있는 셋째딸이 이 사진을 보더니, 아빠 엄마가 젊게 찍혀서 좋아 보인다고 책상 위 유리판에 넣고 보겠다고 달라고 한다.

사람들은 '천생연분'이란 말을 자주 쓴다. 나 또한 그 말이 내포하고 있는 뜻을 약간은 이해할 것 같다.

"너희들 두 사람 짝 지워 놓으니 보기에 좋도다."

남자와 여자가 부부의 인연을 맺고 산다는 것은, 절대자의 눈으로 볼 때는 액자적인 한 풍경에 지나지 않을 것이다. 아니, 어쩌면 이 세상 모든 현상은 절대자가 일일이 배려한 스냅 사진인지도 모른다.

(1984)

화음

"세상에 저 혼자만 아들 낳았나!"

어느 신문의 '소식통'을 읽은 친구가 축하를 겸한 농담으로 한 말이다.

딸만 넷을 낳는다는 건 16대 1로 어려운 일이라고 말한 바도 있거니와 딸 넷을 낳고 아들을 두는 경우도 내 생각에는 굉장히 어려운 관문 통과가 아닌가 싶다.

텔레비전 광고 화면을 보면 "새로이 정신을 모아 ―싱싱한 순발력을!" 하고 외치면서 건장한 사나이가 알통이 나온 팔뚝으로 폼을 재고 활을 당겨 타깃(과녁)의 흑점黑點에 화살을 명중시켰을 때의 통쾌감을 맛보게 된다. 무슨 드링크를 마시면 그렇게 왕성한 힘이 솟는다고 하는 상혼商魂이긴 해도 마치나 내가 그 사나이였던 것처럼 신이 나서 여러 사람에게 보란 듯이 득남 소식을 알린 것이다.

 틀림없이 훈련소에서 사격 불합격으로 기합깨나 받았을 거라는 친구들의 놀림을 받고도 정력이 좋아야 아들 낳는다는 그릇된 속설 때문에 변명의 구실을 찾지 못해 전전긍긍했던 일이 상기되어 쾌재의 미소를 짓지 않고 어찌 견디겠는가. 내가 아들 낳았다는 소식을 듣고 재빨리 아기 옷을 사 가지고 찾아준 L여사 말씀이 또 일품이었다. 내 수필집을 자기가 먼저 보고 언니를 빌려 줬는데, 아무래도 저자가 스태미나가 부족한 것 같으니 집에 만들어 둔 사주蛇酒를 갖다 주라더라나. 이제 아들을 낳으셨으니 그럴 필요도 없게 됐다기에, 하나 더 낳고 싶으니 그걸 달라고 한술 더 떠 보이기까지 한 것이 그렇게 유쾌할 수가 없었다.

 지난번 아카데미하우스에서 민족문학 심포지엄이 있을 때였다. 50이 넘은 문학평론가 C선생이 장난감 권총을 찬 꼬마를 데리고 왔기에 손자냐니까 아들이라 했다. 외아들이란 말을 듣고 점두點頭되는 바가 없지 않았다. 그래도 저 꼬마 아들이라도 있었기에 반백의 C선생에겐 심리적으로나마 상당한 어한禦寒이 될 것이 아니겠는가.

"이놈, 아빠를 에스코트하고 왔단 말이지."

 무슨 말인지도 모르면서 초롱초롱한 눈이 나를 쏘아보았다. 아이가 쓴 모자에는 별이 네 개나 달려 있는 것이 아닌가.

 (임마, 5년만 지나면 나도 너 같은 개구쟁이 대장 아들놈이

호위해 줄 거다.)

언젠가 길에서 장난감 자동차를 굴리고 노는 아이에게 "너, 내 아들 하자" 했더니, "개새끼!" 하는 소리를 듣고 씁쓸하게 웃고 만 적이 생각나서 마치 그 아이에게나처럼 속으로 이렇게 C선생 아들놈에게 말해 본 것이다.

작명료를 아끼지 않고 찬명장撰名狀을 받았는데 아기 이름이 '박치훈朴治勳'으로 돼 있었다. 일부러 성깔있게 들릴 이름으로 원해서 작명한 것인데 부르기도 좋고 글자 뜻도 좋게 생각되었다. 곧바로 출생신고를 해서 2주 후에 호적등본을 떼어 보니 딸 넷 이름 뒤에 아들아이 이름이 척 박혀 있는 게 그렇게 마음 든든할 수가 없었다.

호적등본을 안주머니에 넣고 길을 가다가 J형을 만났다.

"나 아들 낳았네."

깜짝 반가워하리라 싶었는데, 미소를 지으면서 J형은 말했다.

"이 사람아, 몇 번이나 그 얘기를 하는가?"

나는 속으로 뒤통수를 긁긴 했어도 멋쩍을 것까지야 없다는 생각이었다.

그런데 저녁에 집에 들어서자 아내가 아니 좋은 안색을 하고 나를 쳐다보았다. 단순히 술을 마시고 들어왔다는 때문이 아닌 것 같았다. 실력 없는 술이지만 득남주 구실로 요즈음은 자주 술을 마셨으니까.

꽃샘 기후 탓인지 아기가 병원에서 퇴원하고부터 감기 기운이 있었다. 약국에서도 너무 어리다고 약을 주지 않아 그대로 있다가 숨쉬는 게 아무래도 탈이 난 듯싶어 출산한 병원으로 갔더니 좀 더 큰 병원으로 가 보라고 해서 적십자병원 소아과 의사의 진찰을 받았는데 엄마의 혈액검사를 해 봐야 알겠다고 하더라는 것이다.

아내의 심정을 알 만도 했다. 나도 그녀 못지않게 조바심이 들었다. 내일이라야 혈액검사 결과를 알게 된다고 하니 말이다.

제발 큰 탈이 아니기를 빌었다. 뜬눈으로 갓난것을 지켜보면서 새었다. 내게 아들아이 하나를 준 것은 그지없이 고맙지만 이왕 준 바에야 튼튼하게 자라도록 해 달라고 그 어떤 절대자에게 빌어 보고픈 심정이었다.

이튿날 의사도 출근하기 전에 병원에 찾아갔다. 다행히도 아내의 혈액검사 결과는 네거티브로 나와 있었다. 감기로 기관지가 약해졌다고 하는 말만 듣고도 안도의 숨이 쉬어졌다. 위로 딸들만 키우면서도 별로 병원을 모르고 지냈는데 모처럼 늦게 얻은 아들아이는 갓나서부터 병원 출입인가 싶어 새삼스럽게 나의 지난날이 떠올려졌다. 사실 나는 나면서부터 어찌나 무녀리 같았던지 아예 출생신고도 하지 않았다고 한다.

그런데 신통스럽게도 세 살 까지 먹게 되자 그때 낳은 것으로 출생신고를 하였기 때문에 호적상으로는 나이를 그만큼 덜 먹은 사람이 되고 말았다.

"집에서는 치훈이라고 말고 돼지라고 부르자!"

허약한 체질이 아빠만 닮았는가 싶어 약간 짜증스러웠지만 나보다는 훨씬 똑똑하게 생긴 갓난것의 모습을 내려다보며 이렇게 소리쳤더니 딸아이들은 반대였다.

"돼지가 뭐야. 사람을 왜 돼지라고 불러?"

국민학교 1학년인 넷째 딸아이의 이같은 물음을 받고 어떻게 설명을 해 주면 좋을지 몰랐다.

흔히들 귀한 집 아이 이름을 '바우', '개똥이', '쇠똥이', '말똥이', '오쟁이', '돼지' 등의 천명賤名으로 부른다. 그렇게 아명兒名으로 부른 것이 굳어져서 유사한 한자명을 붙인 것이, 확인해 본 바는 없어도 '係東', '蘇東', '馬銅', '五長' 등의 이름이 아닌가 본다. 이 중에서도 '돼지'를 우리 아이 아명으로 택한 이유는 돼지처럼 소탈하게 먹고 잘 자라라는 뜻에서다.

일주일쯤 병원엘 다녔더니 아기가 벙싯 웃기도 하고 아빠와 눈동자를 맞추기도 했다. 말하자면 부자父子의 첫 대화인 셈이다.

이때 아내가 들어오기에 "돼지야, 남이 들어오니 조금 있다가 얘기하자" 했더니, 아내는 자기를 타인 취급한다고 일부러 굳은 낯색을 지었다.

이런 분위기를 알고서인 것처럼 우체부가 "편지요!" 했다.

"귀여운 아가의 무럭무럭 자라는 탐스러운 모습은 진정 흐뭇한 행복감을 안겨주겠지요."

'남양분유 육아상담실 올림'으로 된 인사 편지에 적힌 한 구절이다.

편지 안에는 남양분유를 먹고 우량아로 뽑힌 사내아이가 발가벗은 채로 그 자랑스런 고추를 내놓고 찍은 원색 사진이 들어 있었다. 우리 아가와 동일시되어 당장 잘 보이는 벽에 붙여 놓았다. 금메달을 목에 걸고 나를, 아니 아빠를 보는 아가의 웃는 얼굴이 클로즈업되었다.

인쇄된 인사 편지에 출산한 병원 스탬프가 찍혀 있었지만 눈에 거슬리게 생각되진 않았다.

"아버지와 어머니와 아들, 이것은 세계를 영원히 결합하는, 오래 되고 또 새로운 화음和音입니다."

여기까지 읽어 본 아내는 행복이란 낱말 가지고도 함축이 다 안 되는 그런 표정으로 나를 보았다.

그러고는 '우리 돼지'를 돌아보고 기저귀를 갈아 채우려는데 고추에서 오줌 줄기를 내뿜는 것이 아닌가.

밖에 나갔다가 들어온 셋째 딸아이가 이 모양을 보더니 "우리집 분수"라고 소리쳤다.

작년에 어린이 대공원에 놀이를 갔다가 분수대를 보고 쓴 수필 〈오줌싸개 소년〉 한 대문을 읽어 보면 딸아이의 천진한 표정을 실감할 수 있으리라 믿는다.

"나는 그 중에서도 유방을 드러낸 엄마 옆에서 기운차게 오줌을 깔기고 서 있는 소년 분수대에서 눈을 떼지 못했다. 그런데 아내도 그 오줌싸개 소년만 뚫어지게 보고 있는 것이 아닌가. 그 옆으로 보니 우리 아이들 모두가 오줌싸개 소년한테로 시선이 집중되고 있었다. 물고기가 입으로 물을 내뱉는 것, 하이얀 거위가 또 멋지게 물을 뿜고 있건만 분명코 우리 식구들은 오줌싸개 아이만을 보고 있었다. 만일 이 자리에 사진 작가가 있었더라면 네 딸만 데리고 나온 부부가 오줌싸개 소년 분수를 열심히 보고 있는 모습을 놓치지 않았으리라."

아버지와 어머니와 아들과 딸 —이보다 더 즐거운 화음을 나는 모른다.

(1974)

2부

변소고便所考
삶의 충실이고 확충이기에
어떤 답사
수필쓰기 인생을 회고한다
무욕의 돌
육안과 심안
평범한 사람들의 철학
뮌헨의 하루
고양이의 하산기

변소고便所考

 변소가 없는 집에서 사는 것처럼 따분한 생활도 없을 줄 안다. 변두리로만 돌다 보니 결국은 수재민 정착지라는 P동에 셋방을 얻었는데 변소가 없다. 변소 하나 용납을 못할 만큼 좁은 땅을 분배해 주었던 까닭에 공중변소를 이용하게 마련이었다.
 이곳 사람들은 먹어야 하는 일도 걱정스러웠지만 또 그것을 배설해야 하는 일도 고역스러운 것이 아닐 수 없었다. 대개들 아침에 일어나면 먼저 들러야 하는 곳이 변소인지라 그 무렵의 공중변소 주변은 그야말로 진풍경을 이룬다.
 이른바 '화장실'이라야 어울리는 '신사', '숙녀'의 구별이 되어 있지만 지켜질 일이 못된다. 남녀노소 할 것 없이 한 줄로 서서 차례를 기다려야만 된다. 평소에도 미장원을 잘 모르고 사는 빈민가의 여인들이라 머리를 매만지지도 않고 그냥 나온 까닭에 그런 여자 뒤에라도 서게 되는 아침이면 그날 하루 기분은 잡치게 마련이다. 시아버지와 며느리가 섞여 서서 기다리는 때도 없지 않을 것이지만 어쩌다 부부간에라도 변소 앞에서 같이 차례를 기다려야 하는 것처럼 쑥스러운 일도 흔하지 않을 것이다.

나는 이러한 고역을 면하기 위해서 사무실에 나가 변을 보려고 시도해 봤으나 여의치 못했다. 꼭 식전에 다녀와야만 밥맛이 나는 습관을 고칠 수가 없었다. 형식으로라도 한 번 다녀나와야만 시원했다.

그런데 근래에 나는 변비증이 생겨서 더욱 고난을 겪는다. 한 번씩 배변하려면 분만을 쉽게 하는 여자보다도 고생을 한다. 그러자니 용변 시간이 길 수밖에 없는데 바깥에서는 빨리 나오라고 성급한 여자는 문짝을 쾅쾅 치기까지 하는지라 일껏 배설되려던 것이 놀라서 그만 도로 들어가 버리는 수도 있었다. 들어가 버린 그것은 나올 생각을 않고 밖에서 발을 동동 구르는 것이 설사라도 난 모양이라 빨리 비켜 주어야 되겠는데, 그냥 나오자니 2원이 아까운 생각을 안 할 수가 없었다.

시청 앞 지하상가 유료 화장실이 10원 하는 것에 비하면 관리 유지비로 받는다는 2원이 많다고 할 수는 없지만, 설사라도 났을 때 하루에 십여 번 출입하면서 몇십 원을 주고 나면 아까운 생각이 아니 날 수가 없었다.

어떤 때에는 차례를 기다리는 동안에 변의便意가 가서 버려서 그냥 돌아오기도 하지만 막상 '부츔돌'에 앉았는데 변의가 사라지고 보면 낭패다. 배설을 하지 못했으니 2원을 물러 달랄 수도 없는 일이고 무작정 다시 변의가 있을 때까지 기다린다는 것도 안 될 말이라 그냥 추스르고 나오려면 꼭 어떤 승부에서 지고 난 것처럼 기분이 언짢다. 차라리 거지 아이에게 2원을 주었으면 그런 대로 적선을 했다는 의식이 있어서 개운한 것이지만 분명코 용변값으로 준 건데 배설 목적을 이루지 못한 만큼 액면 가치 이상으로 아까운 생각이 드는 것이다. 마치 어느 누가 창녀에게 갔다가 신겁腎怯으로 뜻을 이루지 못하고 나올 적에 느낀 것에야 비유할 수는 없지만…….

이곳의 공중변소야말로 '변소便所'로서는 실격이 아닐 수 없다. 아늑하고 편안함을 느껴야 명실공히 '변소'이거늘 절대로 편안하지가 못하다.

측상厠上에서는 생각이 통일되어서 새로운 아이디어도 떠오르게 마련이다. 소설을 써 가다가 막혔던 것이 변소에 앉아 있는 동안 비로소 뚫리는 수도 있다. 어제 애인과 데이트를 하느라 결근을 했는데 오늘 상사에게 뭐라고 거짓말을 할 것인가의 아이디어도 측상에서 떠오르기 쉬운 것이다. 뿐만 아니라 독서의 장소로도 측상이 꼽히고 있다.

그런데 불안하고 지저분한 공중변소에서야말로 아무리 시

험 공부에 쫓기는 학생이라 할지라도 책보기는 틀렸다.

생각도 통일이 안 될 뿐만 아니라 배설에만 정신이 쏠리는 것도 아니어서 자연히 앞에 보이는 낙서에 눈이 가게 마련이다. 대개는 유치한 춘화春畵 투성이다. 여자의 음호陰戶 부분을 그려보는 것으로 해서 어떤 카타르시스를 하게 되는 것이다. 거기에 걸작은 "낙서는 '문하인'의 수치다"라는 낙서였다. 변소에 그린 춘화치고 잘된 것 없고 낙서치고 다 졸필이다. 정말 '문하인文下人'이 쓴 것이다.

내 고향에서는 변소를 측간厠間이라고도 한다. 부춤돌을 살펴보면 여자의 그것 같기야 하지만 하필이면 측厠 자가 그런 의미에서 만들어졌는지는 모르겠다. 엄广자를 '음호밑'이라고 일컫고 보면 말이다. 그리고 그 안에는 칙則 자인 만큼 변소는 규칙적으로 들러야 한다는 신진대사의 원리를 의미한 것이라고 볼 수 있겠다.

또한 '정방淨房'이라고도 말한다. 배설물이 떨어지는 곳이 깨끗할 수가 없음에도 굳이 정방이라고 명명한 데는 아이러니컬하게 생각될 수도 있지만 사실은 깨끗해야 하는 곳이 변소다. 그런 뜻에서 '화장실'이란 말도 좋다. 정결한 식탁이라야만 소화가 잘되는 법이고 깨끗한 변소라야 제대로 배설이 가능한 것이다.

어쩌다 밤중에 변소를 가야 할 때처럼 심란스런 것도 없으리라. 그놈의 공중변소라는 것이 흡사 내가 입대해서 훈련을 받았던 군대 변소 같은 느낌이 들어 더욱 질색이었다. 그때 우리 중대 사병 하나가 변소에서 자살을 했던 것이다. 그때부터 공중변소 같은 데서 밤에 용변을 하려면 꼭 측귀廁鬼가 내 발을 잡아 내릴 것 같은 무서움이 들기도 했다.

나는 변비를 치료해 보려고 약을 써 봤지만 그때뿐이고 마찬가지였다. 나의 아버지가 오랫동안 그로 해서 고생하고 있는데 내가 그렇게 된 것이다.

경제적 불안정을 겁내는 사람은 축재蓄財 콤플렉스로 해서 변비 증상을 일으키게 된다는 말이 있지만, 내가 바로 그런 경우라고 생각하고 싶지는 않다.

어느 해인가 나는 미군 영내에서 보았던 변소가 상기되었다. 미군들은 기상하자 세면도구를 들고 화장실로 갔다. '렛 츄린'이라고 말하는 영내 화장실은 세면대와 변기가 벽 하나 사이를 두고 있었다. 칸막이도 없는 변기를 타고 앉은 그들은 역시 용변 중인 옆의 동료와 잡담을 나누는가 하면 혼자서 신나게 노래를 부르는 사람도 있었다. 저들에게야 변비란 있을 수도 없을 것 같은 생각이 들었다.

다만 배설을 할 뿐이지 침실과 똑같은 분위기에서 개운하게 용변을 하고는 역시 노래를 부르면서 세면을 하고 돌아와서 즐거운 식탁을 맞는 그들이 나에게 선망을 금치 못하게 했다.

어느 날 대단한 변의를 느낀 끝에 오래간만에 시원스런 통변을 해보았다. 얼마나 마음이 상쾌한지 몰랐다. 아마 권태기에 든 아내와의 그것에서 느끼는 쾌감보다 상위라고 하면 과장이랄 사람도 있을 것이다. 이때만은 공중변소가 퍽 고마운 존재로 여겨졌다. 지저분하다는 생각을 버려야 되겠다. 사실 이곳에서 공중변소처럼 좋은 일을 맡고 있는 곳도 없을 줄 안다. 그 많은 사람의 배설을 다 용납하고 있다. 심지어 벽에까지도 온갖 낙서를 해도 그것 또한 심리적 배설인 만큼 미소로 용납해 주고 있다.

나는 공중변소를 어느 창부 같다고 생각해 본다. 아내도 애인도 없는 사내들이 찾아와서 카타르시스를 하면 다소곳이 받아 주고 또 기다리는 그러한 너그러운 창부 말이다. 어느 땐가는 그들이 자기만의 애인이나 아내를 찾아 떠나가기를 기도하는 자세로 있는 것이다.

(1969)

삶의 충실이고 확충이기에
- 수필 이야기

 수필을 좋아하는 사람들이 매달 모여서 합평회를 갖기로 했다. 수필도 엄연히 문학의 한 장르에 속하고 있는 이상 비평의 대상이 되어 마땅하지 않느냐는 생각에서 동인의 수필 가운데 두 편을 조상俎上에 놓고 감상과 비평을 해왔던 것인데 저마다 재는 자尺가 다른 데서 오는 의견의 상충이 있다. 그때마다 비평 대상의 작품을 떠나서 '수필'에 대해서 열띤 토론을 하기도 했지만 역시 완벽한 해답은 구하지 못하고 다음 모임에서 계속하기로 한 것이다.
 두 번째 토론에서도 의견이 백출해서 결론을 얻지 못하기는 마찬가지였다. 합평회가 끝나면 저녁을 먹기 위해 자리를 옮긴다. 최고급의 집은 아니지만 동양화 몇 점과 골동자기 몇 점은 으레 눈에 들어오는 집이고 보면 반주로 한 잔씩 든 술

맛의 흥취도 일게 마련이어서 토론의 연장 기분에서 한 마디씩 하는 것을 들을 수가 있는데 사실은 이때의 오고가는 말들이 더 재미가 있어서 빠지지 않고 참석을 해온 것인데…….

"프랑스에서 그야말로 일급의 작가들이 모여 '문학이란 무엇인가?' 하는 주제를 놓고 토론을 벌인 일이 있는데, 결론은 '문학이란 무엇인지는 확실하게 말할 수 없지만 문학이 존재하는 것만은 분명하다.'는 결론을 얻고 헤어졌다고 한다."

어느 동인의 이와 같은 말을 듣고, 나도 수필에 대한 일가견一家見을 펴 볼 용기가 생겼던 것이다.

언젠가 한 친구에게서 "자네는 여자의 미를 어디서 가장 실감하는가?"라는 질문을 받고 매우 당황했던 기억이 난다. 얼른 대답을 못하고 망설이고 있었더니 '그렇게 여자를 보는 눈이 확립 안 되어 가지고 어찌 좋은 글을 쓸 수 있겠는가.' 하는 듯이 나를 빤히 쳐다보면서 그 친구는 서슴지 않고 여자의 '어디'가 가장 아름답더라고 말했을 때 나는 그저 그 요지부동한 미의식에 감탄을 보내지 않을 수 없었다. 물론 여자의 육체에서 친구가 말한 부위가 아름답지 않다고 말할 생각은 추호도 없다. 그런데 여자의 어디가 가장 아름답다고 단정적인 표현을 할 수 있는 것인지, 그것이 나로서는 얼른 납득이 되지 않는다.

내 생각에는 여자의 어느 부위를 놓고 얘기를 해도 아름답지 않은 곳이 한 군데도 없다. 뿐만 아니라 그 부위 중에서 어디가 가장 아름답다고 말해 버리면, 사실은 여자의 아름다움을 모독하는 언사라고 나는 생각하고 있기 때문이다.

누구나 알고 있는 사실이지만, 여자의 나신裸身은 신의 최고의 걸작품인 것이다. 눈·코·입·목·유방·허리·다리…… 그 어디에서나 신의 소홀한 솜씨를 발견할 수 없을 것이다.

우리가 수필 작품을 두고 신랄한 비평을 했을 때도 마찬가지다. 마치 여인의 어느 특정한 부위만을 가지고 그 여인이 가지고 있는 미의 전부인 양 말한다는 것이 쉽게 수긍이 가지 않으면서도 그 여인에게 있어서는 그 부위의 미 하나만 가지고도 최상의 미인이 아니겠느냐고 자기 모순에 빠지는 것을 수필을 쓰는 사람이면 어렵지 않게 체험을 하게 된다.

그러고 보니, 수필 비평이란 것은 마치 한 미녀를 두고 눈이 어떻고, 입이 어떻고, 유방이 어떻다는 얘기를 한 셈이 되고 말았다. 심하게 말한다면, 그 미녀를 두고 너무 분석을 해서 미인론을 펴고 보면 엑스레이를 찍어서 그 필름을 들여다보는 격이 되고 만다.

눈이 예쁜 여인도 미인이고, 코가 예쁜 여인도 미인이고, 입이 예쁜 여인도 미인인 것이니 어떤 수필 작품이 그 어느 한 가지만이라도 충족시키고 있다면 곧 '좋은 수필'이 아닌가 한다.

누군가가 나에게 지금도 어느 친구가 질문했던 것처럼 여자의 육체에서 어디가 가장 아름답더냐고 묻는다면 역시 대답을 주저할 수밖에 없으리라.

　자연 현상을 두고 말해도 마찬가지다. 뜰에 심어 놓은 나무 한 그루를 보아도 사계절 어느 때라고 아름답지 않은 때가 없다. 나무는 사계절 모두 우리에게 아름다운 꽃을 보여주는 미인이다. 봄에는 통념의 꽃인 꽃을 피우고, 여름엔 잎이라는 꽃을, 가을엔 곱게 물든 단풍의 꽃을, 그리고 겨울엔 나목裸木의 가지에 눈꽃雪花을 피워주지 않던가. 해서 봄의 나무가 더 아름답다느니, 여름의 나무가 더 아름답다느니 말하는 것은 사실은 나무의 미를 손상시키는 표현이다. 다만 '더'라는 비교 언어를 사용치 않고 그때 그 장소에서 자기의 눈에 비친 나무의 미를 조금의 꾸밈도 없이 진실되게 표현한다면 더없이 좋은 수필이 되지 않겠는가 하는 생각을 해본다.

　"어떤 형식에 구애를 받지 않고 마음속에 내포하고 있는 이야기들을 솔직히 글로 표현하는 산문 문학의 한 분야."

　이는 어느 백과사전에서 '수필'을 정의한 대목을 옮겨 적은 것이다. 혹 독자 가운데 이것을 기억하고 있는 이가 반문할지도 몰라 변명을 겸해서 말하고자 해서다.

　당초에 그 백과사전의 '수필'이란 항목의 집필을 청탁받았을 때 극구 사양을 했었던 것이다. 그런데도 부득이 써주고 말았으며, '수필의 내력', '수필의 특성', '한국의 수필 문학' 등에 대해서만 언급을 해주었는데, 편집자가 앞에 적은 바와 같은 내용의 얘기를 하면서 맨 앞에 정의하는 말로 쓰는 것이 어떻겠느냐고 물어왔기에 '그 비슷한 뜻'이 아니겠느냐 싶어 그리하라고 한 것이 후회가 된다. 어떤 문제에 대해서 한마디로 명료하게 정의를 내린다는 것은 참으로 어렵고 무모한 일이라는 생각에서이다.

어쨌든 수필은 심적 나상心的裸像이란 말도 있듯이, 자기의 생각을 솔직히 고백하는 글이라는 데는 변함없는 것이 나의 수필관隨筆觀이다.

다 같이 산문으로 된 글이로되 소설은 창작이고 수필은 창작이 아니란 데서, 소설은 문학이고 수필은 문학이 아니라고 주장하는 이도 있다. 요즈음은 소설도 허구가 아닌 자기의 체험 이야기를 그대로 쓰는 경우가 적지 않다고 하는데 이때에는 뭐라고 할 것인지?

창작이란 말도 확연하게 정의하기는 어려운 일이다. 자기 이야기를 쓰는 것이 수필이라고 할 수 있겠는데 그 작가 말고 다른 사람이 그 이야기를 쓸 수 있겠는가. 그 사람만이 쓸 수 있는 글이라면 그 또한 창작과 다를 바가 없지 않겠는가. 수필은 사실 그대로를 기록한 것이 아니고 사실을 소재로 해서 삶의 진실을 표백한 작품이기 때문이다.

소설도 진실의 문학인 데는 예외가 아니다. 다만 소설은 '거짓말인 참말'이지만 수필은 '가설 무대' 같은 건 설치하지 않고 곧바로 '참말'을 기록하는 고로 호소력이 강한 문학이다.

  우리는 누구나가 생활을 영위하면서 인생을 산다. 하루도 이 생활이란 것을 떠나서는 존재하지 못한다. 그날이 그날 같은 반복된 생활이야말로 권태로운 나날이 아닐 수 없다. 하지만 좀더 자기의 존재를 자각하고 관찰하면 일상적인 것 하나하나가 새로운 의미로 부각된다. 다시 말하면 수필은 곧 그 일상적인 것의 쇄신을 기록한 문학이기에 우리가 살고 있다는 자체가 경이驚異로 받아들여진다.

  "수필은 금싸라기를 고르듯이 선택된 생활 경험의 표현이다." (피천득)

  좋은 수필을 읽는다는 것은 곧 자기 삶의 충실充實이고 확충擴充인 것이다.

(1983)

어떤 答辭

 높은 곳에 오르면 공포심부터 먼저 갖게 된다는 사람이 있다. 이른바 '고소 공포증' 환자다. 또 마이크 앞에만 서면 입이 굳어버리는 사람이 있다. 이른바 '연단 공포증' 환자다. 나는 그 후자에 속하는 사람이다. 어느 문학단체에서 나에게 수필문학상을 주겠다고 해서 기쁘다는 생각도 없지 않았지만 '답사'를 해야 할 일이 여간 걱정되는 것이 아니었다.

 "나는 말주변이 없어.'라는 말은 '나는 무식한 사람이다.'라는 소리다. 화제의 빈곤은 지식의 빈곤, 경험의 빈곤, 감정의 빈곤을 의미하는 것이요, 말솜씨가 없다는 것은 그 원인이 불투명한 사고방식에 있다. 말을 할 줄 모르는 사람은 후진국가가 아니고는 지도자가 될 수 없다."

어느 분이 쓴 〈이야기〉라는 수필의 한 대문이다. 나는 지도자를 꿈꾸었던 사람은 아니니까, 말을 할 줄 모르면 지도자가 될 수 없다고 한 구절은 별로 섭섭하게 생각되지 않았는데, 말주변이 없다고 말하는 것은 바로 "나는 무식한 사람이다."라는 소리라고 한 구절은 나의 자존심을 건드리는 것 같아서 어쩐지 정이 가지 않는다.

무식하다고 말하면 학벌이 없는 사람이라는 말처럼 들려 모욕을 느끼기도 한다. 나는 학벌이 없는 사람이어서 무식하다는 말을 듣지 않으려 딴에는 독학이기는 하지만 공부를 열심히 하였던 것이다. 사실은 문학 작품이란 자기 혼자 공부하고 자기 혼자 집필하여 결과한 것이 아닌가 말이다.

나는 별로 아는 것이 없는 사람이다. 그러나 수필에 관한 한 아는 것이 있다고 말할 수 있는 사람이다. 그런 내가 '수필문학상'을 받는 자리에서 답사를 잘못한대서야 말이 안 된다는 생각을 하고 나니 조금은 자신이 생기는 것 같다.

그날 답사할 것을 미리 원고를 써서 연습을 해둘까 하는 생각도 해보았다. 어쩐지 그 노릇은 내키지 않았다. 청탁 원고를 쓰는 일도 힘이 드는데 말로 할 것까지 원고를 쓰고 싶지는 않았을 뿐더러 답사를 원고로 읽는다는 노릇도 어쩐지 체면이 서지 않을 것 같아 그만두기로 한다.

잘하든 못하든 마이크 앞에서 원고 없이 말로 해내리라는 마음을 먹고, 무슨 말을 할 것인가 대충 메모를 하여 두었다.

메모지 한 장에 깨알 같은 글씨가 가득하다. 이걸 들고 나가서 돋보기 안경을 쓰고 들여다본다? 이 또한 내키지 않는 노릇이다. 그 메모에서 중요한 말만 몇 가지 추려 큰 글씨로 아주 작은 메모지에 적어보았다. 이걸 손안에 넣고 남이 눈치채지 않게 보면서 얘기하면 된다는 생각을 하고 나니 조금 마음이 놓였다.

드디어 '한국수필문학상'을 수상하는 날이 되었다. 그날 나는 무슨 마음을 먹었는지 메모지마저도 주머니에 넣어버리고 맨손으로 연단에 나갔다.

수상작인 《바보네 가게》는 1973년에 출간한 저의 첫 수필집의 제목이기도 합니다. 그러니까 이번에 상이 주어진 문고판 《바보네 가게》는 첫 수필집에 수록된 수필은 물론 그 뒤에 출간한 여러 수필집들과 최근에 발표한 수필들에서 30여 편을 추려 출간한 책입니다. 문고판 수필집인 《바보네 가게》를 가지고 상을 타게 된 것이 더없이 기쁘다는 생각이 듭니다. 문득 10년 전에 작고하신 김소운金素雲 선생 생각이 납니다. 그분은 《조선동요선》, 《조선민요선》이란 역서가 일본의 이와나미岩波 문고로 출간된 사실을 두고 이런 글을 쓴 일이 있습니다.

"이와나미 문고 두 권은 비록 손아귀에 들어가는 작은 책이기는 하나, 그 문고 자체의 권위로 해서 학벌도 졸업장도 없는 내게 일생토록 하나의 '호신부護身符' 노릇을 해주었다."

소운 선생의 경우에다 비하는 것은 외람되다고는 생각합니다만, 어쨌든 저의 심경이 그러하다는 것을 말씀드렸을 뿐입니다.

여기까지 이야기가 당초 의도한 답사의 전반부가 된다. 나는 후반부 이야기를 마저 해내면 되는 것이다. 그런데 어인 변고란 말인가! 후반부를 이어가야 할 중요한 말 하나가 실종을 해버린 것이다. 소운 선생의 대표작 수필 중에서 하나를 가지고 이야기를 풀어나가면 되는 일인데, 그 수필 제목을 잊어버린 것이다.

'김소운' 하면 누구나 〈목근통신木槿通信〉이 생각날 것이다. 나도 그 시간에 〈목근통신〉이 생각났던 것인데, 답사에는 〈목근통신〉이란 수필은 아무 필요가 없었으니 어찌 당황하지 않을 수 있었겠는가.

"〈목근통신〉은 아니고 거 있잖은가, 김소운의 또 다른 대표작 수필 말이다!" 이렇게 혼자 속으로 애태우고 있을 때, 돌연히 구원의 '천사'가 나타난 것이다. 두 돌이 채 안 된 나의 외손녀가 아장아장 연단 가까이로 걸어나오고 있지를 않겠는가. 단 몇 초 동안이지만 나는 외손녀에게 도로 들어가라는 제스처를 쓰면서 시간을 벌었다. 그런데 녀석은 들어가지 않고 딱 버티고 서서 외할아버지를 빤히 쳐다보고 있는 것이다. 나는 머루알처럼 생긴 외손녀의 눈을 바라보는 순간 뇌리에서는 소운 선생의 수필 제목 〈외투〉가 생각났던 것이다.

저는 소운 선생의 수필 작품 중에서는 〈외투〉라는 수필이 잊히지 않습니다. 아시다시피 그 수필은, 어느 날 소운이 서울역에서 영하 40 몇 도의 북만주로 떠나는 친구를 배웅하는데 친구인 청마靑馬가 외투도 안 입고 있는 것을 보고 자기 외투를 벗어주려고 했지만 자기도 외투를 입지 않고 있어서 자기가 가지고 있는 콩쿠링 만년필을 선뜻 뽑아 친구의 손에 쥐어주면서 "만년필은 외투도 방한구도 아니련만, 그때 내 심정으로는 내가 입은 외투 한 벌을 청마에게 입혀 보낸다는 기분이었다."고 술회한 대문이 매우 감동적이었습니다.

저는 30년 동안 수필 한 가지만을 의지하고 살아왔습니다. 그 긴 세월 동안 춥고 외로운 인생을 살아왔습니다만 후회하지는 않습니다. 그런데 아직도 저는 사람들에게 추워 보였던 것 같습니다. 오늘 저에게 이 상이 주어진 것은 추위를 타는 저에게 '우정의 외투' 하나를 입혀준 것이라는 생각이 듭니다.

아무튼 열심히 공부하고 열심히 써서 우정의 외투에 대한 빚을 갚아 가겠습니다. 문단의 선배, 동료 문우 여러분 대단히 고맙습니다.

내가 지금껏 연단에서 말을 잘하지 못했던 것은 자신을 더 돋보이고 싶어하는 허세 때문이라고 생각한다. 자기가 지니고 있는 것만큼만 표현한다는 겸손으로 말을 한다면 그토록 '연단 공포증'을 갖지 않아도 되리라. 또 미리 준비한 메모지를 보면서 얘기를 하면 대수인가. 정직과 진실 이상으로 남을 감동시킬 무기는 없다. 자기가 지니고 있는 것만큼만 표현하면서 살면 되는, 이토록 간단한 진리 하나를 깨닫게 된 것이 다행이라면 다행이라고 생각한다.

(1991)

수필쓰기 인생을 회고한다

　1950년대 후반은 6·25라는 미증유의 민족상잔의 비극이 휴전이라는 엉거주춤한 반전쟁 상태로 남아 있는 상황이었다. 나는 그때 광주光州에서 고등학교를 졸업하고는 병약病弱과 궁핍으로 대학 진학을 포기한 이래 담양潭陽의 고향집 골방에서 요양이라는 명목으로 파리똥으로 얼룩진 천장의 무늬나 헤아리면서 권태의 날들을 보내야만 했다. 청운靑雲의 꿈에 부풀어 있어야 할 나이에 그 처지가 되었으니 스스로 생각을 해도 참으로 막막하기만 했다. 그때 내게는 나를 추스리고 지탱해 줄 끈 같은 것이 간절하게 필요했다. 여성적인 것이 우리를 영원히 구원해 준다는 괴테의 말을 떠올렸던 것인지 아닌지는 확실치 않지만, 어쨌든 나는 나를 구원해 줄 한 소녀를 나의 끈으로 상정하게 된 것만은 사실이다.

나는 매일 K라는 소녀에게 편지를 썼다.

소녀는 나의 고교 때 친구의 누이동생이었는데, 어느 땐가는 나의 편지가 그녀의 마음을 움직이게 될 것이라고 믿고 있었다. 그러니까 나는 K에게 편지를 보내고 그녀의 답장을 기다리는 것으로 세월의 전부를 살고 있었던 셈이다.

나는 문학이란 것을 꿈도 안 꾸어 본 사람이지만, K에게 편지 쓰기를 계속하면서 자연 문학 서적을 탐독하게 되었다. 그러다 보니 주위 사람들에게는 작가 지망생쯤으로 알려지게 되었다.

나는 그때 주변 사람들에 대한 나의 명분이 확실하지 않은 것에 대해서 건강 이상으로 신경이 쓰였다. 만일 사실대로 말해 버린다면 그야말로 웃음거리밖에 더 되지 못했을 것이다. 그렇다. 나는 작가 지망생이었다. 스스로가 스스로에게 대단한 명분을 주고 있었으며, 작가로 등단할 날이 언제일지는 모르지만 그날까지는 주변 사람들에 대해 명분이 분명해서 다행이라면 다행이었다.

나는 K에게 편지를 수없이 쓴 덕택으로 어느 정도 문장력은 길러졌다고 자처하고 있었다. 그 문장력으로 소설을 써도 되지 않겠느냐는 생각을 가지고 있었지만, 이야기를 꾸며서 쓰는 재능이 부족한 데다 나의 체력으로는 200자 원고지 70장 정도의 단편 하나 쓰기도 어렵다는 것을 깨닫게 되기까지는 오래 걸릴 것도 없었다. 천상 '편지쓰기'의 계속으로 '수필쓰기'를 작심하고 문예지를 보더라도 수필란을 더 관심 있게 보았다. 당시 문예지로는 《현대문학》이 유일하였는데, 수필 필자 소개로 '수필가'라고 찍혀 있는 활자가 얼마나 선망되는 문자였는지 모른다. 어떻게든 '수필가'로 데뷔하여 그 잡지에 수필을 기고할 수 있는 사람이 되는 것이 나의 유일한 소망이었다.

나는 수필을 쓰면서도 K에게 연서戀書를 쓰는 심정으로 썼다. 그녀가 공감을 한다면 만인이 공감할 것이라는 믿음을 가지고 썼다. 그리하여 나의 수필이 활자화가 된다면 비로소 나의 편지가 K에게 수신受信이 된 것이나 마찬가지 아니겠느냐, 그런 기쁨의 날을 나의 것으로 맞이하기 위해서도 글쓰기 공부를 게을리할 수는 없었다.

1963년이었다. 내가 쓴 수필 한 편이 《신세계》라는 종합잡지의 '신인 작품' 공모에 당선이 된 것이다. 나는 천하를 얻은 듯한 기쁨으로 현대문학사를 찾아가서 조연현趙演鉉 주간께 인사를 드렸음은 물론이다. 축하한다는 말과 함께 《현대문학》에도 원고를 써주지 않겠느냐고 청탁의 말이라도 있을 줄 알았는데 반응은 전혀 달랐다. 체수가 자그마한 그분은 나를 빤히 쳐다보면서 이런 말을 하신 것 같다. "아무개 씨가 그 잡지에 수필이 당선된 것하고 우리 잡지하고 무슨 상관인가?" 그러자 나는 애원이라도 하듯 이런 부탁을 드렸던 것 같다. "《현대문학》의 추천 종목에도 수필 부문을 설치해 주시면

응모를 해서 다시 인정을 받고 싶습니다만……." 그러나 선생의 대답은 귀찮기만 하다는 투였다. 아무개 씨가 잡지사의 방침에 대해서까지 이래라저래라 할 처지냐고 말이다.

나는 몰라도 너무나 모르고 있었다. 수필이란 것이 어떤 성격의 문학이며, 또 그걸 쓰고 있는 사람이 어떤 경로로 '수필가'라는 타이틀을 갖게 되었는지 아는 바가 없었다. 다시 말해서 시나 소설은 관문을 거쳐서 타이틀을 받게 되는 것이지만, 수필은 그런 관문도 있지 않을 뿐더러 혹여 타이틀이 붙게 된다고 하더라도 그 부문의 전문성과는 거리가 있다는 것이다. 소설도 아니고 희곡도 아닌 산문, 이른바 잡문을 오랫동안 쓰다 보면 '수필가'라는 타이틀이 붙기도 한다는 얘기다. 그것도 무명無名의 사람은 쓸 수가 없다. 사회적인 저명도著名度가 높아야 잡문이라도 쓸 기회가 주어진다. 소설을 쓴다는 어떤 친구는, 나를 대면하고 이렇게 말하기도 했다. "수필은 존재하되 수필가는 존재하지 않는다." 그런 수모受侮를 겪으면서 나는 스스로가 설 자리를 마련하기 위해서라도 "우리 문단에 수필가도 존재한다!"는 것을 기필코 보여 주어야겠다는 결심을 하고 나와 같은 뜻을 지니고 있는 사람들을 찾아나선 것이다.

그간의 수필 관계 활동을 설명하기 위해서 몇 가지 메모를 적어 볼까 한다.

1970년대 현대수필동인회 주간 《현대수필》 5집까지를 책임 편집하여 70년대 수필문학 개화開化의 중요한 계기를 만듦. 그 후 월간 《수필문학》 주간 (1972), 계간 《한국수필》 편집인(1975), 계간 《수필공원》 편집인 및 주간(1992~1998), 계간 《에세이문학》 발행인 겸 주간(1999~현재). 1975년 《한국수필문학대전집》 전 20권(한국수필가협회 편, 범조사 간) 책임편집, 1976년 우리나라 최초의 수필문고인 《범우 에세이문고》(범우사) 전 120권 기획 편집(1986년 완간).

"고독한 사람이 새가 울고 가는 밤하늘처럼 외로운 심경을, 스스로 기록한 문장을 생각해 보았다. 그것은 쓸쓸하게 아름다운 일이다."(박목월, 《문장강화》)

이 세상에 나라는 존재가 둘이라도 있다면 나의 사사로운 이야기가 무슨 의미가 있겠는가. 나의 존재가 아무리 미미할지라도 이 세상에 왔다갔다는 흔적으로-손톱에 피멍이 드는 아픔으로-나의 외로운 삶의 기록을 남겨 놓기 위해 안간힘을 써본 것이라고나 할까. 나는 그런 심경으로 수필을 썼으며, 나의 생활 체험과 그 체험에서 발견한 삶의 진실이 누구 한 사람에게라도 감동을 줄 수 있다면, 나의 존재가 결코 무의미한 것만은 아니라고 자위하고 싶었을 뿐이다.

한국의 수필문학은 1970년대에 중흥기를 맞이했던 것이고, 80년대와 90년대를 거쳐 금세기에 이르러서는 성세盛勢가 자못 요원의 불길을 보는 듯하다. 신문의 신춘문예나 문학지의 추천 및 당선으로 등단한 수필가들이 참 많은 것으로 알고 있다. 나는 이제 더 이상 춥고 외롭다는 말을 써서는 안 될 것 같다. 그런데도 나는 다른 의미로 춥고 외롭다는 생각을 하게 될 때가 있다는 것을 고백하지 않을 수 없다.

졸작 수필 한 편이 국정교과서 중학교 《국어》 2-2에 수록된 일이 있다. 그런데 어떤 국어 참고서를 보았더니 '글의 해설'에 이렇게 적혀 있지 않는가. "이 글은 〈외갓집 만들기〉를 맞춤법 규정에 맞게 제목을 〈외가 만들기〉로 고친 것으로 지은이의 개인적인 체험을 바탕으로 쓴 신변잡기적인 수필이다." 나는 '신변잡기적'이란 표현이 눈에 거슬려서 참고서 담당자에게 전화를 했다. 신변의 이야기를 소재로 해서 썼을 뿐인데 어찌해서 신변잡기냐고 따졌더니, 그 담당자는 고정하라는 듯 웃으면서 다음과 같은 말로 답변 아닌 답변을 해 주었다. 잡다한 신변의 이야기를 쓰게 되면 으레 '신변잡기'라고 일컫게 되는 것이며, 선배 편집자들이 참고서를 만들며 그런 표현을 썼기 때문에 자기도 별 생각 않고 답습한 용어일 뿐이라는 것이다.

참고로 미셀러니와 에세이에 대해서 조금 언급을 해 볼까 한다.

미셀러니(miscellany) : 우리말로 보통 수필隨筆이라 번역되는 것으로 신변잡기, 각종의 감상문, 잡문 등이다. 부드럽고 정서적인 점에 있어 가장 시詩에 가까운 문장이다. 시인·작가 혹은 다른 분야의 예술가들이 쓰는 수필은 대개 이에 속하는 것이 많다.

에세이(essay) : 소논문·논설 등으로 통용되느니만큼 어디까지나 논의적이요, 지적知的인 문장을 의미한다. 학자·교육자·사상가 혹은 수필 전문가가 쓰는 수필은 대부분 이에 속하는 것이 많다.

그러고 보면 나는 미셀러니, 즉 잡문을 써왔던 것에 다름아니고 무엇이겠는가를 자문해 보지 않을 수 없다. 위에 가름한 대로 말하자면, 지금 한국에서 수필을 쓰고 있는 사람들은 대부분 '수필가'가 아니라 '잡문가'일 뿐이다. 물론 수필을 미셀러니와 에세이로 분류하는 것 자체가 못마땅하다고 반론을 펴고 싶은 수필인들이 적지 않을 줄로 생각한다. 그렇다면 미셀러니란 말은 아예 쓰지 말기로 하고 에세이란 말만 가지고 논의를 해 보는 것은 어떨까 싶다. 요즘 에세이를 수필이란 말로 쓰기도 하고, 수필을 에세이란 말로 쓰기도 한다는 것은 하나의 상식이 되어 있다. 그러니까 수필을 무거운 수필重隨筆과 가벼운 수필輕隨筆로 나눌 수 있듯이, 에세이는 포멀에세이(formal essay)와 인포멀에세이(informal essay)로 나누면 될 일이다. 용어를 가지고 왈가왈부하는 것부터가 부질없는 짓인 줄 알지만……

어차피 나는 수필을 잡문이라고 하든 뭐라고 하든 그것 하나에만 매달려 40년 가까운 세월을 보냈다. 앞으로 남은 생애도 그렇게 보내게 될 것이다. 누군가가 나를 향해서 '수필가'가 양산되었다는 둥, '신변잡기'가 많다는 둥 책임 추궁성 발언을 하게 될지도 모른다는 생각에서 끝으로 이 말은 꼭 쓰고 싶다.

　지금 수필 문단에서 작품 활동을 하는 사람들을 보면. '수필가'란 타이틀을 빼고는 사회적 지위가 별로 내세울 것이 없는 이들이 상당수 있다. 만일 그런 이들이 그런 타이틀을 얻지 못했다면 무슨 명목으로 글을 써서 발표를 했겠는가. 평범한 남자와 평범한 여자, 즉 장삼이사張三李四에 그치고 말았다면, 우리 문화를 위해서는 참 불행한 일이었을 것이다. 왜냐하면 그 보석같이 아름다운 작품을 읽어 볼 수 없을 것이기 때문이다. 앞으로는 수필도 시나 소설처럼 글 자체만으로 평가받고 대우받는 장으로 인식이 보편화되었으면 하는 마음 간절하다.

(2000)

무욕의 돌

우리나라에도 점점 레저 붐이 일고 있어서 주말이면 등산 장비나 낚시 도구를 메고 교외로 빠져나가는 사람들을 많이 볼 수가 있다. 보수가 적다고 알려진 업종에 종사하는 사람들까지도 일요일에는 근무하지 않으려고 한다는 거다. 특근 수당을 더 준다고 해도 마다하고 일요일만은 아무의 간섭도 받지 않고 자기만의 시간을 즐기려고 한다.

나 역시 일요일은 그 누구에게도 시간을 빼앗기고 싶지 않다. 그래서 되도록 일요일에 만날 약속은 하지 않는다. 심지어는 집으로 걸려오는 전화까지도 부담을 느끼게 된다. 문자 그대로 공일空日이어서 그야말로 한유의 공간을 나 혼자서만 만끽하고 싶었던 것이다.

내가 살고 있는 동네는 교외나 다름없어서 무척이나 조용

했다. 막내아이놈마저 밖에 나가서 놀라고 내보내고 나면, 이따금 뜰의 나뭇가지에 와 앉아 지저귀는 참새 소리 말고는 더 없이 조용해서, 원고지만 펴놓으면 사색의 실마리가 저절로 풀릴 것만 같다.

하지만 사실인즉 나는 일요일마다 형벌을 받는 고통을 겪는다. 원고 청탁을 받으면 미뤘다가 일요일에 써야 하기 때문이다. 불과 여남은 장짜리 수필 한 편을 쓰면서도 온 하루를 다 바치지 않으면 써지지가 않는 습벽 때문이다.

일요일 일찍부터 무슨 대작이나 쓸 사람처럼 소반 위에 원고지를 펼쳐 놓고 앉는다. 주제가 잡히지 않아 암중 모색을 하고 있는데 골목으로부터 '싼 생선을 가지고 왔으니 빨리빨리 사시라.'고 떠드는 확성기 소리가 고막을 때리면, 가까스로 떠올린 상념도 도망을 가버려 누구에겐가 신경질을 부리지 않고는 참을 수가 없다.

집식구도 "차 끓여 와라.", "과일 깎아 와라."는 으레 시키는 심부름이니까 그대로 아무 말 않고 대령을 하였지만, "저 장사꾼들 좀 떠들지 말라고 해라."고 소리치자 아내도 기다렸다는 듯이 역정을 내었다. "당신 원고료 받기 위해 글 쓰는 거나, 저 사람들 돈벌기 위해 장사하는 거나 마찬가지인데 무슨 권리로 못하게 할 수 있느냐."는 거다.

딴은 아내의 말이 옳다고 생각되어 그 이상 그녀와 말씨름 하지 않기로 속다짐을 하고 났건만, 막혀 버린 생각은 영 풀릴 기미를 보이지 않는다. 차라리 통지를 받은 야유회 놀이에나 참석할 셈으로 부랴부랴 옷을 갈아입고 한탄강漢灘江행 시외버스를 탔다. 모처럼 만에 나가 보는 향우회鄕友會 월례 모임이며, 서울에서 멀리 떨어진 장소인데도 별로 즐겁다는 생각이 들지 않는다. 차창 밖으로 전개되는 풍경을 보면서도 쓰지 못한 원고 생각으로 마음만 무거울 따름이다.

한탄강에 도착해서도 마찬가지다. 친구들은 아무 다른 생각 않고 오로지 '오늘'을 즐기고 있는 것이 역연하였지만, 나는 그러지 못하였고, 혹시 원고의 소재거리나 없는가 탐색의 눈을 번뜩였으니…….

한탄강은 임진강의 지류로서 물살이 매우 세었다. 산은 숲도 우거지지 않았고, 유원지에만 포플러나무들이 빈약한 그늘을 만들고 있어서 어쩐지 쓸쓸한 느낌을 자아내게 했다.

그래도 물이 맑고 돌이 많아 하루쯤 보내기에는 좋을 것 같아 보였다.

아직 수석壽石에 대한 안목도 갖추지 못한 주제에, 돌만 보면 마음에 드는 것이 있지 않나 싶어 찾아보기에 여념이 없다. 두어 시간 찾아 헤맨 끝에 몇 개를 줍기는 했으나 남에게 자랑할 만한 것은 못 되었다.

한 친구가 술 한 잔 들지 않겠느냐고 부르기에 가까이 갔더니, 내가 주운 돌을 와락 빼앗아서는 강물에 던져 버리는 것이 아닌가. 놀이를 왔으면 철저하게 놀다가 가야 하는 것이지 그 무슨 어쭙잖은 짓이냐는 것이다.

별로 마음에 드는 돌은 아니지만 강물에 던져지고 나니까 매우 아까운 생각이 들었다. 그 친구에게 정색을 했더니, 술에 취해 도연해진 그 친구는 강변에 지천으로 널려 있는 돌인데 무에 그리 아까우냐고 하면서, 자기 앉은 자리 옆에 있는 돌 하나를 선뜻 뽑아 나에게 주는 것이 아닌가.

찬찬히 들여다보니 계곡에 동굴이 두 개 패어 있는 제법 마음을 끄는 경석景石이었다. 나는 그렇게나 찾아도 안 보였는데, 그 친구는 단박에 찾아내는 것을 보니 무슨 요술을 부리는 것만 같아 희한한 생각이 들기까지 하였다.

한참 만에야 나는 그 이유를 알아내었다.

나는 탐욕貪慾의 눈으로 찾았기 때문에 좋은 돌을 발견할 수 없었던 것이고, 그 친구는 무욕無慾의 눈으로 보았기 때문에 바로 찾아내었던 것이라고…….

(1981)

육안肉眼과 심안心眼

 소지품 하나를 사려고 해도 백화점에 가서 그 많은 물건 중에서 마음에 드는 걸로 고르게 마련인데, 하물며 평생의 반려가 될 배우자를 선택하는 데 있어서 맞선도 보지 않고 결혼을 한다는 것은 언어도단이 아닐 수 없다. 그래서 지금으로부터 20여 년 전 결혼한 바 있는 나 역시 소위 맞선이라는 것을 여러 차례 본 경험이 있다.
 당시 나는 잠재 실업자라 할까. 이렇다 할 직업도 없이 문학을 한답시고 향리에서 뜻 없는 일월만 허송하고 있었으니, 신랑 후보로서는 어느 모로 보나 탐탁지가 못했다. 와병중이신 가친께서 돌아가시기 전에 맏며느리라도 보고 싶다고 어떻게나 성화이신지, 전혀 타의의 결혼을 하게 되는 처지이기는 해도 선을 보는 데마다 성사가 되지 않고 보면 매우 자존심이 상하였다.

그 중에서도 나의 외종형이 중매를 한 읍내 처녀는 지방신문에 난 내 글을 읽었다면서 꽤나 호감을 가져 주어 꼭 성사가 되겠거니 했는데, 어디서 들었는지 건강이 안 좋은 것을 알고는 그녀의 오라비가 극력 반대를 해서 그만 파혼이 되고 말았다.

지금도 몇몇 규수에 대해서는 아스름하게 그 용자容姿가 기억되기도 한다. 한 규수는 가르마가 반듯하고 웃으면 보조개가 패어 귀염성도 있게 보였는데, 나중 소식을 듣자니까 술주정뱅이 남자에게 시집을 가서 매만 맞고 산다고 하여 나의 책임인 것같이 생각되어 어떤 가책을 느끼기까지 했다.

나는 결국 코끝도 본 일이 없는 산골 규수에게 장가를 들고 말았다. 한동네 죽마고우의 처제이기도 한데, 정작 그 혼담이 나오게 되었을 때는 거기 두고 여적 헛수고만 했다는 듯이 안도의 숨을 내쉬기까지 하였으니…….

평소 그 친구의 부인에 대해서 한국 여인상의 한 전형이라고 보아 왔던 터였기에, 그녀의 동생 또한 우리 집안의 종부宗婦로 손색이 없을 것이라는 내 나름의 판단을 내린 이상, 가서 만나 본다고 하는 것은 하나의 형식적인 절차에 불과하다고 생각했을 따름이었다. 그러나 결혼식이 있기 전에 한 번 찾아가서 규수를 만나 보고 싶은 호기심도 없지 않았다. 맞선을 본다는 뜻이 아니라 처녀와 총각 사이의 은밀한 데이트 기분을 맛보고 싶었기 때문이다.

　1959년 1월, 연일 눈이 내렸다. 산에도 들에도 온통 은세계를 이루었다. 맞선을 보러 가기는커녕 장가길도 들기 어려울 만큼 강설이 계속되었다. 30년 만의 폭설이라고 했던가. 아무튼 내 생전에는 처음 보게 되는 이변이었다. 집 안의 나무들도 온통 눈꽃을 피우고 있어서 역시 눈을 이고 마당 한쪽에 서 있는 노적가리와 더불어 한결 풍요로운 풍경이라고나 할까.

　나는 그 눈의 경치 속에서 목련꽃같이 웃고 있는 여인의 얼굴을 본 것이다. 오래전에 만나 다정한 얘기를 주고받던 그런 사이의 여인처럼 나의 망막에 클로즈업되기도 해서 혼자 웃었더니 장가드는 게 무척 좋은 모양이라고 할머니가 놀리는 말씀까지 하시는 거였다.

　아내와 내가 만난 지도 어언 20년이 넘었건만 진짜 아내의 얼굴을 본 것은 그녀의 코끝도 보기 전, 그러니까 결혼식 날을 받아 놓고 눈송이가 나비처럼 팔락팔락 날아드는 하늘 속에서, 아니 우리 집 대추나무 가지에 얹힌 눈꽃송이 속에서 보았던 것같이만 생각되었다. 돈 못 버는 나를 따라 사느라고 그 예쁘기만 하던 손이 거칠어지고 눈가엔 어쩔 수 없이 잔주름이 잡히는 그녀를 대하게 될 때마다 빚진 마음을 어쩌지 못한다.

　10년 하고도 또 10년 동안 그녀의 얼굴을 보아 왔건만 그날 대추나무에 핀 눈꽃송이에서 발견한 아내의 얼굴보다 더 똑똑한 얼굴을 못 찾아내었다고 말한다면 거짓말이라 할 것인가.

언젠가 나의 사촌누이한테서 들은 얘기가 생각이 난다. 매제가 아이 낳고 10년이나 같이 살고 난 누이의 얼굴을 유심히 들여다보더니 "아니 당신 주근깨 있었구나." 하면서 큰 발견이나 한 듯이 놀라움을 표하더라고 말했을 때, 그 자리에서 같이 들은 사람들은 한바탕 박장대소까지 하고 말았지만, 비단 그녀의 남편만이 아니고 남자들은 다 그런 데가 있다고 본다.

몇 년 동안이나 연애를 했고 그 후에 결혼을 해서 또 10년을 살았으면서도 애당초 처음 사랑했을 때의 그 마음이 언제까지라도 아름다운 모습으로 붙잡아 놓는 마술을 부린 것이 아니라면 본래에 있었던 주근깨를 어찌 발견하지 못했겠는가 말이다.

누이의 얼굴에 난 주근깨는 심한 편이 아니라서 찬찬히 보지 않으면 잘 모르겠기는 하나 이른바 일심동체라고 일컬어질 만큼 가까운 부부 사이에서 그것을 못 보았다고 하는 것은 믿어지기 어려운 얘기지만 사실이라고 말하는 데야 믿지 않을 도리가 없다. 우리의 육안이라고 하는 것은 그만큼 믿기가 어렵다.

그러니까 맞선이라고 하는 것도 육안만 믿는 사람에게는

보나마나 아무 소용이 없는 노릇이다. 모름지기 맞선을 보려는 결혼 후보생들은 육안보다도 심안을 닦아 가지고 대비할 일이다.

여자의 얼굴에 주근깨 따위 조금 있는 것까지 보려고 애쓸 필요는 도무지 없다고 생각한다. 얼마나 아름답게 상대방을 볼 수 있을 것인가. 그 심안을 닦고 닦을 일이다. 한 인간을, 아니 한 영혼을 자기보다 더 사랑할 수 있는 마음 자세가 된 사람만이 맞선을 볼 자격이 있음을 다시 한 번 밝혀 두는 바다.

(1980)

평범한 사람들의 철학

 나는 신문과 잡지에 속담에 관한 글을 많이 썼다. 속담을 가지고 에세이를 쓰면서 놀라운 사실 하나를 발견했던 것이다.
 "밥 먹을 때는 개도 안 때린다.", "그만한 고생은 약과다.", "병 없고 빚 없으면 산다.", "낙태한 고양이 상이다."
 이런 속담들은 어렸을 때 이미 어머니한테서 수없이 들어본 것들이 아닌가. 더욱이나 건강이 제일이라는 말을 '신외무물身外無物'이란 문자로 말씀하신 데는 어찌 놀라지 않을 수 있었으랴.
 누군가는 속담에 대해서 이런 말을 하고 있다.
 "속담을 일컬어 무식한 사람의 문학이라 할 수 있으리라."
(F. S. 코즌츠 / '격언')

그러고 보니 돌아가신 나의 어머니는 훌륭한 문학가였던가 보다. 문자라고는 남의 집 경고로 붙여 놓은 '개조심猛犬注意' 정도밖에 해득을 못 하시는 분이 평소 속담을 들어 말씀하시는 것을 듣고 있으면 꽤 유식한 이처럼 생각되었으니 말이다.

비단 나의 어머니뿐만 아니라 우리 모두의 어머니들은 하나같이 훌륭한 문학가였다고 생각된다.

속담을 이렇게 말한 이도 있었음을 기억한다.

"속담은 평범한 사람의 철학이라고 해도 타당하지 않은 것은 아니다."(J. 하우엘 / '속담')

속담은 하루하루 경험의 어머니란 말도 있거니와 우리의 어버이들은 선인들의 경험과 자신들의 경험에서 터득한 철학을 속담이란 이름으로 생활 속에 살아 숨쉬는 언어로 보존하고 전수한 것이 아닌가 한다.

어버이는 속담을 빌려 자녀들에게 '약이 되는 말藥石之言'이라 싶어 귀에 못이 박히도록 들려준다. 그런데 자녀들은 약이 되는 말은 본래 쓴 것이어서 들으려고 하지를 않는다. 뿐만 아니라 '잔소리'가 지겹다는 듯 아예 귀를 막고 차단시켜 버리기가 일쑤다.

'어떠한 것도 경험되기 전에는 실제적인 것이 못 된다. 하나의 속담조차도 당신이 생활로 실천하기까지는 당신에게 속담이 아니다."

어떤 책을 읽고 메모를 해둔 구절이다. 〈메모광狂〉(異河潤)이란 수필을 쓴 사람도 있지만 평상시에 메모를 해두는 습관은 좋은 습관이 아닌가 한다. 나 또한 그런 습관을 가지고 있는 사람 중에 하나이기에 글 쓰는 데 여러 모로 덕을 보고 있는 것 같다.

나도 어렸을 때는 어머니가 들려주는 속담들이 하나도 귀에 들어오지 않았다. 다른 사람들과 마찬가지로 지겨운 '잔소리'에 다름없을 뿐이었다.

그 어머니 가시고 나 또한 어머니의 나이가 되고 나의 아이들을 기르자니 문득문득 지난날의 어머니 말씀이 뇌리에 떠오르곤 한다. 진즉 그 말씀들을 '약이 되는 말'로 마음속에 간직했더라면 하는 후회가 가슴을 칠 뿐이다. 사람은 이다지도 어리석은 동물이란 말인가.

"밥 먹고 바로 자면 소 된다." "약 먹어 해로운 데 없고 싸워서 이로운 데 없다." "약보藥補보다 식보食補가 낫다."

집사람이 아이들에게 하는 '잔소리'가 어떤 때는 나의 어머니가 환생을 하신 것이 아닌가 하고 놀라기도 한다. 어찌 그리도 나의 어머니 같은 말만 하는지 우습다는 생각도 들고 숙연하여 지난날을 되돌아보게 되기도 한다.

다시 한 번 나의 어머니가 주문呪文처럼 외우시던 속담 하나를 되새겨 본다.

"병 없고 빚 없으면 산다."

아무리 가난한 사람이라도 건강하고 빚만 없으면 살 수 있다는 뜻.

언젠가 텔레비전에서 어느 농촌 청년이 신붓감을 구한다는 이야기를 시청한 일이 있는데, 그 청년이 신붓감을 구하는 첫째 조건인즉 '건강한 규수'였다. 농촌 아니라 도시에 살아도 건강이 제일인 것이지만 그 청년이 강조한 건강은 더 강한 의미를 주고 있다. 없는 사람 재산은 건강밖에 없다고 했으니 그저 건강한 규수만 만나면야 약간의 부채쯤 두 사람이 부지런히 일해서 갚아 버리고 그 나름의 행복한 가정을 이루고 살 자신이 있다고 생각한 것이리라.

우리 집에서는 어쩌자고 남자들만 병원 출입이 잦다. 할아버지·아들·손자 3대가 뻔질나게 병원 출입하느라고 의료 보험 카드가 쉬는 날이 드물 지경이다. 생계비 중에서 병원비로 지출되는 액수가 상당해서, '우환이 도둑'이란 말을 실감한다고나 할까…….

우환이란 도둑을 키우고 싶은 사람은 하나도 없을 것이다. 이 도둑을 키우지 않으려면 건강한 몸을 소유하면 되는 것인데, 그 건강 유지가 말처럼 쉽지만은 않다.

아침 일찍 마을 뒤 숲길에 산책을 나가면 많은 사람들이 나와서 체조를 하는가 하면 약수터에서 약수를 떠서 마시는 것을 본다. 사실 건강을 도모하는 데는 별달리 밑천이 들 것도 없다. 맑은 공기, 맑은 물을 마시면서 마음을 바르게 가지면 될 터인데 그 일이 그렇게 쉽지 않단 말인가.

"빚이 범보다 무섭다." 그러기에 누구나 빚을 지지 않으려고 노력한다. 우리 집은 우환은 있어도 빚은 없는 편이어서 그런대로 크게 어려움을 겪지 않고 산다. 하지만 국가적으로 빚이 많다는 사실에 생각이 닿고 보면 나라의 살림살이가 걱정 안 될 수가 없다. 외채가 1인당 100만 원이라 해도 나는 8백만 원이란 '거액'의 빚쟁이가 되고 만 셈이다. 원고지를 메워서 이 빚을 갚아 나갈 것을 생각하니 앞이 캄캄하다. "빚이 많으면 뼈도 녹는다."고 했는데 그 많은 외채를 지고서야 어찌 국민 보건을 기대하겠는가.

나의 아이들은 조만간 하나둘 나의 곁을 떠나가게 될 것이다. 분가를 해서 하나의 가정을 구성하고 살림을 꾸려가게 될 것이다.

나와 아내는 위의 속담을 삶의 좌우명으로 삼고 살라고 몇 번이라도 당부하기를 잊지 않으리라. 그러나 아이들은 그 말도 역시 부모의 '잔소리'로밖에 여기지 않을지도 모른다는 생각을 하면 야속한 마음을 어떻게 달랠 것인지 지금부터 우울할 뿐이다.

나와 아내는 이런 생각을 해보기도 한다.

길을 가다 갑자기 두통이 났을 때, 라디오나 텔레비전에서 지겹게 들은 약광고가 생각나서 약국에 뛰어들어 '무슨 약 달라고 말하듯, 자녀들도 평소 지겹도록 들은 부모의 잔소리가 문득 깨달음이 되어 약으로 알고 '복용' 해 준다면 얼마나 좋으랴만.

(1988)

뮌헨의 하루

 이미륵의 자전 소설 《압록강은 흐른다》는 많은 사람들이 기억하고 있는 작품이다. 독일에서 1946년에 출간된 소설인데, 우리나라에 번역 소개된 것은 1959년이다. 그러니까 우리나라에 알려진 것만 해도 36년이 되는 셈이다.
 한때 이 작품은 독일에서 최우수 독문 소설로 선정되어 선풍적인 인기를 독점하였다. 한국인 작가가 쓴 소설이 독일에 최초로 알려졌을 뿐만 아니라, 그의 소설이 독일의 중·고등학교 교과서에도 실려 있다는 사실이 우리에게는 긍지를 갖게 한다.
 자전 소설이라고 하지만 '나'로 되어 있고 그 '나'가 '미륵'이라는 것도 나타나 있어서 소설이 아니라 장편으로 쓴 수필을 읽는 느낌을 준다. 어린 시절 사촌하고 함께 서당에서 한문 공부를 하면서 일어나는 일로부터 청년이 되어 의학전문학교 재학 중 3·1운동이 일어나자 반일反日 전단을 뿌리다가 압록강을 건너 망명을 하기까지의 기록들이 강한 힘을 가지고 독자의 가슴을 울린다.

《압록강은 흐른다》는 우리 집 아이들이 꼭 읽어야 하는 책 중의 하나가 되고 있다. 6년 전 셋째딸 내외가 독일로 유학을 갈 때 나는 짐 속에 이 책을 넣어 주는 것을 잊지 않았다. 나중에 들었는데, 딸애도 다시 한 번 읽었거니와 그곳 한국인 유학생들에게 돌려가며 읽게 하였다고 한다.

얼마 전에 나는 집사람과 함께 외손녀도 보고 싶고 해서 독일에 다녀온 일이 있다. 영국에는 큰딸애가 살고 있지만, 유럽 여행을 효과적으로 하기 위해 셋째 딸이 살고 있는 독일을 먼저 들렀다. 이미륵과 인연이 깊은 뮌헨은 꼭 가보고 싶었고, 시간이 허락되면 그가 잠들고 있는 뮌헨 교외 그래펠핑의 공동묘지도 가보고 싶었다. 마침 뮌헨은 딸애가 살고 있는 레겐스부르크에서 그리 멀지 않은 거리여서 소망이 생각보다 쉽게 이뤄지는가 싶었다.

뮌헨에 도착하자 먼저 체코 영사관에 들러 입국 비자 수속을 밟았다. 지금은 체코와도 비자 협정이 이뤄진 만큼 무비자로 갈 수 있지만 내가 체코를 가보려고 할 때만도 비자가 필요했다. 과거 공산권 국가였던 나라에 가보게 된다는 설렘도 있고, 이미륵이 공부하고 강단에 서기도 한 뮌헨대학이며

《압록강은 흐른다》를 한국에 최초로 번역 소개한 전혜린이 그의 수필집 《목마른 계절》에서 얘기한 '뮌헨의 몽마르트르' 도 보게 된다는 설렘 때문에, 수학여행길의 소년과도 같은 심정이었다. 그러니까 딸애 내외는 인솔 교사이고 나와 집사람은 학생인 셈이다.

   체코 영사관에서 비자 수속을 마치자 점심때가 되었다. 나는 뮌헨의 중심가인 슈바빙에서 '皇朝酒樓(RESTAURANT CHINACITY)라는 한자 간판을 보고 어찌나 반가운지 점심을 그리로 가서 먹자고 했다. 외손녀도 중국 음식을 잘 먹었다. 이 녀석은 이제 겨우 세 살밖에 안 되었는데 프랑크푸르트 공항에 마중 나왔을 때 집사람을 보고 "아무개(딸 이름) 엄마 왔다!"라고 소리치며 제 외할머니의 품속에 착 안겨들어 얼마나 귀엽게 생각되었는지 모른다. 전혜린의 수필에서 '뮌헨의 몽마르트르' 라고 한 곳이 슈바빙이라는 것을 알았고, 그 유서 깊은 거리에는 낭만적인 카페들이 있는 것은 물론 그 유명한 뮌헨대학이 자리잡고 있다. 대학 캠퍼스에도 들어가서 사진 찍기 좋도록 포즈를 취했다. 이미륵은 이 대학에서 동물학을 전공, 이학理學박사 학위를 받았고…… 전혜린은 독문학을 전공했다. 뉴욕의 소호, 파리의 몽마르트르 등과 나란히 불리는 뮌헨의 예술 중심지에 와서 미술관을 안 보고 갈 수는 없는 일. 알테 피나코테크에 갔더니 수리 중이라고 해서 미술관 마당에 떨어져 발에 밟히는 밤처럼 생긴 나무 열매를 줍는 것으로 아쉬움을 달래고, 바로 그 옆에 위치하고 있는 노이에 피나코테크에 가보기로 했다. 알테(古)와 반대되는 노이에(新)라는 말이 가리키듯 19세기 이후의 유럽 회화, 특히 독일 회화와 프랑스 인상파의 명품을 전시하고 있다. 고흐의 〈해바라기〉, 모네의 〈수련〉 앞에서는 떠날 줄을 모르고 서 있었는데, 외손녀 녀석도 그림의 진가를 알고 있기라도 한 듯 쳐다보고 있다. 그런데 갑자기 비상벨이 울리고 직원이 우리에게 달려왔다. 알고 보니 외손녀 녀석이 〈해바라기〉라는 그림의 액자 한쪽을 만져 보았던 것이다. 미술관의 직원이 어린 아이가 만져서 그리 된 것임을 상급자에게 전화로 경위 보고를 하여 무마되기는 했지만, 추억에 남을 해프닝이기도 하다.

뮌헨은 1972년에 올림픽이 열린 곳이기도 하다. 올림픽 경기장도 들러 기념 상징으로 세운 건조물 앞에서 사진도 찍었다. 유명한 자동차 회사인 BMW는 차창 밖으로 건물의 웅장함만 조망하는 것으로 그치고 다하우로 향했다. 다하우는 뮌헨 교외에 있어서 시간이 좀 걸렸는데, 도착하고 보니 늦었다고 문을 열어 주지 않았다. 우리는 하는 수 없이 '유태인 수용소'의 안은 못 보고 외곽만 보고 돌아서야 했다. 검게 바라보이는 높은 망루가 을씨년스럽기만 하다. 독일 사람들은 과거에 자기들이 큰 잘못을 저질렀다는 증거를 보여 주기 위해 6개 국어로 팸플릿을 준비하여 두었다고 한다. 역사의 비극을 생각하니 마음이 무겁기만 하다. 다음날 체코의 프라하에서 유태인 지역을 보면서도 느낀 바지만, 이런 역사의 비극은 지구상에서 두 번 다시 되풀이되어서는 안 될 것이다.

다하우로 향할 때부터 비는 왔지만 거기서 돌아오면서는 빗발이 더욱 세차서 다하우와는 반대 방향에 위치한 그래펠핑은 도저히 가지 못할 상황이었다. 나는 지금 그날의 불가능한 상황을 얘기하고, 이미륵의 묘소를 참배하지 못한 것을 변명하고 있지만, 한편으로는 양심의 가책이 되기도 한다. 프랑크푸르트의 괴테 하우스, 프라하의 카프카 생가, 런던의 찰스 램 묘소 등을 보고 온 얘기를 말이나 글로도 이미 쓴 바 있기 때문이다.

나는 이미륵의 묘소를 가보지 않았으니, 전혜린의 수필 〈이미륵 씨의 무덤을 찾아서〉를 대신해서 소개하자면 다음과 같은 대문이 있다.

"온갖 모양의 천사天使 등의 석상石像과 대리석 십자가, 또는 상록수 등으로 알뜰하게 장식된 수많은 무덤들 사이에 그의 무덤은 아무 장식도 없고 아무 데나 굴러다니는 것 같은 돌로 만든 작은 비석 위에 단 세 글자로 새겨진 한문 '李彌勒' 때문에 누구의 눈에나 금방 띄었다."

그녀도 서양에서 서양 문자 아닌 한문 글자로 된 비석의 이름이 눈에 잘 띄어서 반가웠던 모양이다. 마치 내가 그 묘소를 찾아보고 한문 글자로 된 비석의 이름을 발견이라도 한 듯 반갑다는 생각이 든다.

나는 정규화(성신여대 교수) 번역의 《압록강은 흐른다》란 책에 이미륵의 묘비가 화보로 나와 있다는 것을 깨닫고는 얼른 그 책을 꺼내 보았다. 그런데 화보에 나와 있는 묘비 사진을 보니 '李彌勒'이 아니라 '李儀景'으로 되어 있다. 그 글자는 테를 두른 속에 세로로 쓰여 있고, 그 아래는 가로로 'DR MIROK LI'라고 서양 문자로 쓰여 있다. 그리고 '1899~1950'이란 생몰生沒 연대가 쓰여 있다. 51세의 아까운 나이로 타계했음을 보여 주었다.

전혜린도 그 글에서 썼듯 이미륵의 본명은 '이의경'이다. 미륵은 아명이다. 독일에서는 아명을 필명으로 썼다. 전혜린이 묘비에서 보았다는 한문의 '이미륵'은 그녀가 글을 쓸 때 착각을 한 것이 아닌가 한다. 왜냐하면 정규화 번역본의 묘비 사진은 역자 자신이 직접 묘소를 참배하고 찍은 것이기 때문이다.

《세계문예대사전》을 찾아보았다. '이미륵'을 찾으니 '이의경'을 보라고 했다. '이의경'을 보니 '이미륵'은 본명이고 '생물학'을 전공, '의학박사' 학위를 받았다고 기록되어 있다. 사전은 오류가 있어서는 안 된다고 생각한다.

앞으로 뮌헨을 여행하는 이는 꼭 시간을 내어 그래펠핑의 이미륵 묘소를 참배하라는 부탁을 하고 싶다. 여행 안내 책자 같은 데도 간단하게라도 소개하는 배려가 아쉽다. 《세계를 간다》 독일 편을 보면 '뮌헨'을 15쪽에 걸쳐 소개하고 있으면서도 그래펠핑의 이미륵 묘소에 대한 소개는 단 한 줄도 없어서 섭섭했다. 혹여 내 말에 저항을 느끼는 독자가 있다면, 지금이라도 이미륵의 소설 《압록강은 흐른다》를 읽어 보라고 권하고 싶을 따름이다. 자전적 소설이라고는 해도, 작가의 어린 시절과 청년 시절의 이야기를 담담한 수필 문체로 썼기 때문에 매우 친근감을 느끼게 될 것이다. 이미륵이 잠들고 있는 그래펠핑의 묘소에 가면 지금도 작가를 사랑하는 이국의 여인들이 놓고 간 시들지 않은 장미꽃을 볼 수 있다고 한다. 그 꽃이 시들 만하면 또 다른 여인이 갖다 놓기 때문이라 한다. (1995)

---

*이 글은 1994년 10월에 뮌헨에 가보고 1995년에 쓴 것인데, 1996년 《한겨레신문》 (7. 22) 기사 〈'뮌헨 첫 한국인' 이미륵 박사를 아십니까〉에 의하면 뮌헨의 '이미륵기념사업회'(회장 신윤숙, 뮌헨의대 교수)와 정규화 교수 주선-1만 달러를 정부에서 지원받음-으로 이미륵의 좁은 묘역을 한층 넓은 위치로 옮기고 한국에서 가져간 비석과 석상·상석 등으로 꾸며 한국적인 분위기를 풍기도록 했다고 한다. 신문에 게재된 사진(비석)에도 분명 '李儀景'이란 한자로 이미륵의 이름이 새겨져 있음을 본다.

고양이의 하산기夏産記

 주제를 받고 글을 쓰려면 부담이 된다. 더욱이나 '여름'에 관련한 주제로 글을 쓰려면 소재의 빈곤을 느껴 더 부담이 된다. 활동적인 사람이 아니어서 바캉스란 명목으로 여행을 많이 다니지도 않고 보니, 기껏해서 옛날 시골 생활에서 보고 느낀 농촌 풍경을 그린다거나 지금 살고 있는 동네의 북한산 솔바람이 그지없이 시원해서 지낼 만하다는 정도의 이야기에 그치고 말았으니……. 하지만 글빚은 갚아야 하겠기로, 어느 해 여름의 일을 빌려다 쓰려고 한다.

 지루한 장마가 걷히더니 불볕 더위가 계속되어 여름 나기가 여간 힘들지 않다. 웬만큼 더워서는 땀을 잘 흘리지 않는 내가 어느 날엔 러닝셔츠를 두 번씩이나 갈아입을 정도니, 굳이 수은주의 수치를 가지고 말하지 않더라도 대단한 더위라는 걸 알 수 있었으며, 우선 나 자신의 마음의 납량을 위해서라도 무슨 시원한 애깃거리가 없는가 살펴보게 되었다.

거실 창 쪽 문갑 위에는 인형들이 나란히 놓여 있다. 아기곰과 어미곰 사이에 눈이 동그란 여자아이가 나를 보고 있다. 그 옆에는 목이 긴 기린이 얌전하게 앉아 있다. 갑자기 외손녀가 보고 싶어졌다. 아내와 나는 외손녀 하나를 키워 주고 있는데, 제 어미가 직장에서 휴가를 받았다고 해서 외손녀가 제집으로 갔기 때문에 그 녀석이 가지고 놀던 인형들만 있는 것이다. 인형들도 퍽 심심할 것만 같은 생각이 든다. 시선을 창 밖으로 옮겨 본다. 감나무·대추나무·목련나무들이 제법 그늘을 만들어 주고 있다. 그런데 어느 이파리 하나 미동도 않고 있으니 안이나 밖이나 모든 것이 정지되어 있다는 느낌이다. '움직이면 덥다. 당신도 움직이지 마라!' 마치 그것들이 이렇게 말하고 있는 것만 같다. 나도 움직이지 않고 가만히 있어 본다. 그래도 여전히 덥다.

이때 어디선가 "야옹!" 하고 고양이 우는 소리가 들렸다. 벌떡 일어나 그 소리의 향방을 찾았더니, 바로 감나무 아래서 까만 고양이 새끼들이 장난을 치며 놀고 있지 않는가. 내가 내다보자 "야옹!" 하고 무슨 소리를 내고는 뒤꼍으로 달아났다.

아내 말에 의하면 고양이 어미가 뒤꼍에 새끼를 낳은 지 두

달쯤 된다는 것이다. 새끼는 세 마리 다 까만색인 것으로 보아 옆집 까만 수코양이가 아비인 것 같고, 갈색 빛깔의 어미는 돌아다니며 사는 암코양이인 것 같다는 것이다. 아무튼 한여름에 고양이가 해산을 했으니 경사가 난 셈이고, 나도 몰래 고양이의 해산 구완을 한 아내의 노고에 경의를 표해야만 될 것 같다.

그건 그렇고 참 이상도 한 일이다. 무겁게 가라앉은 공기에 고양이 소리가 파문을 일으킨 것이다. 그 소리는 시원한 바람이 되어, 마음도 한결 시원함을 느끼게 해주었던 것이다.

요즈음 걸려온 전화는 으레 피서 다녀왔느냐고 묻는 인사였다. 그때마다 대답해 줄 말이 궁했던 것인데, 이제는 피서 안 간 사유를 분명하게 말할 수 있어서 다행이란 생각도 든다. 사실 고양이의 해산 구완은 아내가 하고 있는 것이지만, 어쨌든 이 무더운 여름철에 해산을 한 고양이를 두고 어디로 피서를 간단 말인가. 그리고 나는 암코양이에 대해서 미안하다는 생각을 금할 수 없었다. 조금 전에 수코양이는 옆집 고양이가 분명한 것 같다고 말한 바도 있지만, 그 수코양이란 놈은 암코양이의 해산에 대해서 전혀 책임을 느끼지 않고 있는 것 같아서, 내가 대신 양심의 가책이라고 할까 그 비슷한 마음을 가지고 있어서다.

염상섭廉想燮의 소설 〈표본실의 청개구리〉에는 이런 대목이 있는 것을 기억한다.

"먼지가 뽀얗게 앉은 툇마루 위에는 고양이 발자국이 여기 저기 산국화송이같이 박혀 있다."

국화, 그것도 산국화송이같이 라고 했으니 얼마나 상큼한 맛을 주는 표현인가. 뜰에서 내려가서 살펴보았더니 아니나 다르랴 고양이 새끼들이 장난을 쳐서 봉숭아 꽃대궁을 부러뜨려 놓았고 여기저기 그놈들이 돌아다닌 발자국이 선연하다. 나 또한 그 발자국들이 산국화송이같이 보여서 유쾌하다는 생각만 들었다.

일주일만 지나면 외손녀가 "하부지!"하고 부르면서 반색하고 내 품에 안겨들 것이다. 두 돌이 되어 가는 이 녀석이 고양이들과 친구가 되어 돌아다니면 뜰의 꽃나무들이 수난을 당하게 될 것은 물론이지만, 그 또한 유쾌한 일로 생각되어 녀석이 빨리 왔으면 싶다.

고양이의 울음소리가 우리 집 공기를 흔들어서 시원함을 느끼게 하였듯, 외손녀 녀석의 떠드는 소리가 온 집안에 울려 퍼지게 되면 그만큼 우리 집 공기는 청신함을 더하게 될 것이다.

고양이와 외손주는 닮은 데가 있다. 둘 다 귀여움을 받고 있다는 점에서도 그렇지만, 귀여움을 받고도 그 정을 곧잘 잊어버린다는 점에서도 닮았다는 생각을 하게 된다.

고양이를 아무리 귀여워해 주어도 이사를 가면 딱 정을 떼

듯 따라갈 생각을 않는다. 아무리 미물이지만 섭섭한 마음을 안 가질 수 없을 것이다. 외손주도 마찬가지다. 아무리 귀여워해 주어도 결국은 '남의 손주'일 따름이다. 개똥에 떨어진 감은 외할아버지 갖다 준다는 속담도 있지만, 외손주는 외할아버지가 죽었다고 해도 슬프게 울어 주지도 않는다고 한다.

그런데 아내와 나는 왜 소용없는 짓을 하고 있는 것일까. 본능적으로 새끼는 참 귀엽기만 하다. 강아지나 고양이 새끼를 보면 얼마나 귀엽던가 말이다. 외손주도 마찬가지다. 어린 외손주의 노는 모습을 보고 있으면, 정말 눈에 넣어도 아프지 않을 것만 같다.

나는 외손주가 개똥에 떨어진 감을 주워다 주어도 맛있게 먹을 것이다.

(1994)

3부

셋째딸의 패션
사랑은 생명의 꽃이라는데
소풍길
익사한 꿈
외가 만들기
운명적인 관계
자존심
자기 얼굴 그리기

셋째딸의 패션

 나의 셋째딸은 우리집 패션 모델이다. 입는 옷이 매일 달랐지만, 그때마다 새로운 얼굴을 보여주어서 "옷이 사람을 만든다"는 말을 실감한다. 그만큼 그 옷이 그 아이에게 잘 어울려 보인 것이다.
 우리집 사정을 잘 모르는 사람은, 부잣집 딸인가 보다고 하겠지만, 사실은 그 옷들이 전부 남의 것일 뿐이다. 대학 3학년인 셋째딸은 위로 두 언니들이 출근을 하고 나면 큰언니 방, 작은언니 방을 왔다갔다하면서 제 마음에 드는 걸로 입어보고 거울 앞에서 패션쇼를 벌인다. 언니가 모처럼 '과지출'을 해서까지 산 것으로 알고 있는 '비싼 옷'을 입고 나갔을 적에는 임자가 퇴근을 하기 전에 들어온다고 제딴엔 서둘러 귀가를 한다는 것이 그만 들키고 마는 경우가 있다.

이때 아내와 나는 좀 난처해진다. 두 자매 사이에 옷 문제로 다투기라도 한다면 그 어느 편도 역성 들어줄 수가 없기 때문이다.

그런데 참 이상한 일이다. 언니 되는 딸아이는 동생 되는 딸아이의 새로운 얼굴을 보고 남의 옷 입었다고 나무라기는커녕 패션 모델에 대한 사례를 못해 주어서 미안하다고 말하는 것이 아닌가.

큰아이는 말할 것도 없고 둘째아이도 자기들이 입으려고 산 옷을 우선 동생에게 입혀 보고(사실은 동생이 항상 주인 몰래 입어 보는 것이지만), 모종의 패션에 대한 자신을 갖게 되는 것 같다. 그만큼 사람들은, 특히 여자들은 옷에 대한 관심도가 높을뿐더러 그에 비례해서 지적知的인 성숙을 위한 자기 노력에도 관심이 크다고 하는 사실을 알게 된 셈이다.

직장에서 하는 일과도 관련이 있다고는 하지만 큰아이의 외국어 학습에 대한 열성, 그리고 둘째아이의 학교 교사로서의 책무에 따른 교과 지도안 작성에 골몰하는 모습 등을 대할 때에는 더없이 유쾌해진다.

사람들은 매일같이 자기를 표현하고 산다. 말을 하는 것도 옷을 입는 것도 자기가 지니고 있는 것만큼을 표현하고 산다.

"딸을 시집 보내려거든 지참금 대신 말을 가르쳐 보내라."

프랑스의 속담으로 알고 있거니와 사람이, 특히 여자가 말을 잘한다는 것은 사랑받기에 충분한 조건 하나를 갖춘 셈이다.

 말이나 옷이나 남에게 알려지게 된다는 점에서는 공통점을 갖는다. 그러므로 말은 '보이지 않는 마음의 의상'인 것이고, 옷은 '보이는 마음의 언표言表'가 아닌가 한다.

 거리에 나가 보면 옷이 말을 하고 있다는 것을 너무나도 잘 실감할 수 있다. 서울 거리, 그 중에서도 번화한 거리를 가다 보면 마치 패션쇼를 보는 것 같은 느낌을 받는다. 그만큼 오늘날 사람들, 여자들의 패션은 다양해져서 나처럼 그런 것에 둔감한 사람도 결코 무심할 수 없게 된다.

 옥양목 흰 저고리와 검은 치마가 여자의 의상으로 제일인 것 같다고만 생각했던 시절, 그래서 사위감 선을 보러 오신 장인 어른께서, 신부에게 벨벳 치마저고리 한 감 해줄 수 있겠느냐고 나에게 다짐까지 하시던 옛 기억이 되살아나서…….

 산업사회의 발달로, 특히 섬유 산업의 발달로 오늘날의 사람들, 여자들은 마음껏 자기의 아름다움을 표현해 볼 수 있게 되었다. 색상이 다양해지고 디자인 역시 다양해져서 여자들은 자기의 개성에 맞추어서 마음대로 옷을 선택할 수 있다고 듣는다. 또한 오늘날의 여성들은 그 다양한 옷을 자기에게 잘 어울리도록 소화하는 능력도 갖추고 있는 듯이 보인다. 그것은 평소 자기의 내면 세계를 위한 노력도 게을리 하지 않았다는 증거이기도 하다. 늘 자기를 새롭게 내보일 수 있는 노력과 표현 의지야말로 인생을 값있게 살 수 있는 지혜가 아닐 수 없다.

"딸을 시집 보내려거든 지참금 대신 옷을 멋있게 입을 줄 아는 지혜를 가르쳐서 보내라."

나의 이 말에 오해 없기를 바란다.

의상비를 너무 많이 지출해서 가계부에 적자를 내라는 얘기는 아니다. 자기 분수에 맞게 옷을 해 입되 그 옷이 그지없이 '아름다운 여인'으로 표현되었을 때 그 임자가 바로 옷을 잘 입을 줄 아는 여자다. 그런 여자의 주변에는 항상 행복의 분위기가 감돌게 마련. 나는 그 행복의 분위기를 사랑하는 사람일 따름이다.

(1984)

사랑은 생명의 꽃이라는데

　내 서재에는 수필집이 주종을 이루고 있다. 물론 내용이 좋은 책이어야 하겠지만 내용과 더불어 표제도 좋으면 더 정이 가게 마련이다. 《내가 사랑한 사람 내가 사랑한 세상》, 《마음으로 만난 사람들》, 《아직도 봄을 기다리며》 등은 표제를 바라보고만 있어도 저자의 따스한 인간애가 내 혈관으로 전이되는 것만 같다.
　지금 내가 바라보며 애착하고 있는 표제는 조각가 최종태 산문집 《나는 세상에서 가장 아름다운 것을 만들고 싶다》이다. 그가 쓴 글을 가끔 보면서 그의 예술의 세계를 짐작해 보기도 하지만, 책의 표제를 보면서 예술정신이 집약된 표현임을 수긍한다.
　사람은 누구나 자기 일에 최선을 다할 필요가 있다. 그 결과가 이 세상에서 가장 아름다운 것일 때, 자신은 물론이고 그것을 향수하는 사람도 아름다운 세상에 살고 있다는 걸 실감한다.

최종태 산문집은 얼굴을 조각한 작품 사진들이 화보로 수록되어 있고 본문 사이에도 얼굴을 소묘한 그림들이 삽화로 들어 있어서 더 정이 간다. 그가 추구한 가장 아름다운 얼굴이어서 그런지 보는 사람에게도 그 마음이 전이되는 느낌을 받는다. 어느 소녀의 얼굴은 내가 젊은 날 사랑한 소녀의 얼굴과 너무 닮아 있어서 놀라기도 한다.

내 서재에는 또 외손주들의 사진이 여기저기에 놓여 있다. 지금 나는 그 중의 한 사진을 더 애착하는 눈으로 보고 있다. 큰딸애가 낳은 외손녀다. 손으로 턱을 괴고 찍힌 손녀의 귀여운 모습은 눈에 넣어도 아프지 않을 것 같다. 눈이 또랑또랑 빛나는 녀석이 나를 빤히 보고 있으면 마냥 행복한 외할아버지가 된다.

이 사진의 내력을 이야기해야 할 것 같다. 내 막내딸이 영국에 가서 사진 공부를 하고 찍은 것이라고 한다. 막내딸은 대학을 졸업하자마자 영국에 살고 있는 큰딸애한테 가서 2년 동안 있다가 돌아왔다. 흑백으로 찍은 이 사진은 두 살 때 떠나보낸 외손녀를 다섯 살인 지금의 모습을 찍은 것이어서 보고 싶은 정을 더 갖게 한다.

막내딸에게 들은 이야기다. 이웃집 한 아주머니가 자기 애기도 예쁘게 한 장 찍어달라고 해서 청을 들어주었는데 조금 실망하는 표정이더란다. 막내딸은 그 아주머니에게 아무 말도 안 하였지만, 속으로는 "모델이 같은가?"라고 말해주고 싶더란다. 그렇다. 사진이란 모델, 즉 피사체에 따라서 사진 효과도 달라지게 마련이다. 뿐만 아니라 피사체에 대한 애착심 여하로 사진 효과도 달라지게 된다는 것은 사진에 대한 상식을 조금만 가지고 있는 사람은 알고 있는 진실이다.

그럼에도 불구하고 나는 이 진실을 대단한 발견인 양 자랑하고 싶은 것은 무슨 이유 때문일까. 그것은 내 외손녀와 막내딸의 관계에서 발견한 진실이기 때문이다. 다시 말하면 외손녀와 막내딸은 사진의 피사체처럼 내가 글을 쓰면서 글의 소재로는 가장 애착이 가는 대상이어서 그렇다.

강단에서 강의를 할 때도 강의 소재가 좋으면 강의가 잘 풀리게 마련이다. 나는 지금 '강의 소재'라는 말을 썼다. 누군가는 "행정은 예술이다."라는 말을 썼거니와 우리가 하는 일에 대해서 행정이건 회사 업무건 예술하는 심정으로 진지성을 견지한다면 좋은 결과가 있을 것이다. 나 역시 그런 자세로 강의에 임한다. 그러기에 강의하고자 준비한 자료는 '말로 쓰는 수필'을 위한 소재와 다름없다. 그러기에 그 소재를 작품화할 수 있도록 사전에 충분히 준비를 하고 친애親愛하는 마음을 가지도록 해야 함은 물론이다. 강의실에 들어서서 수강자들의 시선과 마주했을 때 그날의 강의 성과를 예감하기도 한다. 강의는 단상과 단하가 호흡이 일치하였을 때 좋은 성과를 얻을 수 있다고 본다. 다시 말하면 강사의 강의 준비는 말할 것도 없고, 수강자도 수강할 준비를 잘해와야만 한다.

그날의 내 강의 소재는 막내딸이 찍은 외손녀의 사진이다. 하나의 진실은 다른 하나에서도 진실일 수 있다. 따라서 사진의 진실은 수필의 진실일 수도 있다는 얘기다. 피사체를 향해 카메라의 셔터만 조작하면 사진은 찍히게 마련이다. 그러나 예술사진은 단순한 조작만으로는 불가능하다. 노출, 초점 맞추기, 셔터와 조리개, 렌즈의 사용법, 필터, 조명 등에 대해서 익히 알고 있으면서 '결정적 순간'을 포착할 수 있어야 한다. 그 결정적 순간이란 작가의 감정과 피사체의 진실이 한 점으로 모여 맞아떨어지는 순간을 말한다. 여기에 덧붙여 강조하고 싶은 말은 '애착심'이다. 애착심, 즉 피사체에 대한 '사랑'의 마음이 없이는 좋은 작품을 기대할 수 없다. 수필을 쓰는 데도 사진 찍는 원리를 대입하면 크게 틀리지 않을 것이다. 수필도 사진과 같이 피사체, 즉 소재가 좋으면 쓰기도 유리할 터이지만, 문제는 기량이다. 그 소재를 그대로 기록한다고 글이 되지는 않는다. 주제를 정하고 그 주제에 맞는 소재의 선택적 표현이 수필을 가능케 한다. 그러나 거기에는 소재에 대한 애착심, 즉 '사랑'이 있어야만 그 글은 비로소 생명이 붙게 되는 것이다.

'사랑'의 중요성은 사진과 수필에만 국한되지 않고 우리 인생사 전부에서 가장 중요한 문제라고 생각한다. 요즘 인구에 회자되고 있는 '이상구 신드롬' 현상도 바로 '사랑'의 중요성을 웅변하고 있음을 본다. 나 아닌 다른 사람에게 관심을 가지고 사랑을 하면 기분이 좋아지는 것은 당연한 생리현상이다. 이상구 박사의 학설은 바로 거기에 초점을 두고 있다. "즐거운 기분이 엔돌핀을 만들고 T임파구를 강하게 한다."고 말하는 그의 주장의 요체는 '사랑은 사람을 변화시키는 에너지'라는 것이다.

영국의 격언 하나가 생각난다. "두 가지가 그대의 생명을 길게 한다. 정밀靜謐한 마음과 사랑하는 아내와." 나는 '사랑하는 아내'를 상징적인 의미로 풀이하고 싶다.

(1993)

소풍길

'소풍'이란 낱말을 국어사전에서는 이렇게 풀이하고 있다. "답답한 마음을 풀기 위하여 바람을 쐬는 일." 나는 소풍삼아 책방 순례를 하기도 한다. 책방을 들르면 수필집 코너를 찾게 된다. 며칠 전에 책방에 들러 산 수필집의 '머리말'에는 이런 대목이 있다.

"내가 만약 시끄러운 세상에 살면서 직업을 선택하게 됐다면, 청소차를 몰거나 가구를 만드는 목수일을 하게 됐을 것이다. 청소차를 몰고 다니면서 묵묵히 쓰레기를 치우는 사람들을 대하고 있으면, 절이나 교회에서 행하는 그 어떤 종교의식보다도 훨씬 신선하고 또한 거룩하게 느껴진다."

저자는 좋은 수필집을 내어 많은 독자를 가지고 있는 법정法頂 스님인데, 인용한 대목을 찬찬히 음미해 보니 스님의 수필 정신이 어떤 것인가를 짐작할 수 있을 것 같았다. 좋은 수필을 써서 사람들의 마음을 청정하게 하는 작업이야말로 청소차를 직접 운전하면서 거리의 쓰레기를 치우는 작업과 맥락을 같이하는 것이라고 보기 때문이다.

나는 소풍이란 낱말을 산책散策이란 낱말로 바꿔서 생각해 볼까 한다. 왜냐하면 산책은 바로 수필과 통하는 말이어서 그렇다. 내가 '수필의 아버지'처럼 존경하고 있는 금아琴兒 선생께서 "수필은 마음의 산책이다."라고 일찍이 〈수필〉이란 글에서 쓴 바도 있지만, 오늘날 한국의 수필가들이 쓰고 있는 서정 수필은 거의가 작가 자신의 내면 풍경을 그려놓은 것이라고 말해도 틀리지 않다고 생각한다. 그래서 내가 관여하고 있는 수필 잡지를 통해서 등단한 신예 수필가들이 동인지를 만든다고 하기에 그 제호를 《수필산책》이라고 지어주기도 했다. 그 동인 수필집은 '발문'에서 작가 정신이라 할까, 수필의 사회적 기여가 어떠해야 하는가를 분명하게 발언하고 있다.

"우리는 우리가 하는 문학수업을 통해, 우선 우리 스스로가 맑아지고자 힘써 행하고, 그 맑아짐이 글로 표출되어 우리의 이웃이 더불어 맑아져야 한다는 그런 차원으로 승화되기를 바라는 마음인 것이다."

나는 아침이면 습관적으로 산책을 나간다. 흙을 밟으면서 동네 뒷산길을 걸어가면 마음도 상쾌해지게 마련이다. 그런데 그 산책길에 버려져 있는 담배꽁초, 빈 음료수병, 빈 과자 봉지 등을 보게 되면 상쾌해진 마음이 금세 언짢아지는 것이다. 니체가 한 말이라고 기억하고 있는데, 그는 애국심의 초보는 집 앞의 쓰레기를 치우는 것부터 시작해야 한다고 역설한 것이다. 산책길의 쓰레기를 보고도 무심할 수 있는 사람은 어떤 사람일까? 그런데 내가 아침마다 목격한 바로는 그 많은 산책객들 중에서 쓰레기를 치우는 사람은 별로 보지 못했다는 사실이다. 아마 대부분의 산책객들은 맑은 공기를 호흡하면 되는 것이지, 쓰레기 따위 치우면서 기분을 망치고 싶지는 않다는 생각을 가지고 있는 것 같다. 나는 그들과 같은 생각을 가지고 있지 않다는 것을 말해야 될 것 같다.

내가 산책을 나갈 때는 한 가지 휴대하는 것이 있다. 담배꽁초나 깨진 유리병 조각 같은 것을 담을 수 있는 그릇이다. 아침 산책길에서 허리를 굽히며 쓰레기를 줍는 나의 모습을 상상해 본다. 우선 나의 아내부터도 볼썽사납다고 산책길 동행을 거부하는 때도 있다. 어떤 사람은 갸륵한 행위로 보아서 하는 소린지 "수고하십니다."라고 인사말을 하고 지나가기도 한다.

사실은 내가 무슨 환경 보호를 위해 모범을 보이기 위해서 그러는 건 아니다. 산책길에 쓰레기가 널려 있으면 일차적으로는 나 자신의 기분부터 언짢아지게 마련이다. 눈에 보이는 그것을 주워 버리면 나의 기분부터 유쾌해지기 때문에 쓰레기를 줍는 행위는 나 자신을 위하는 일이며, 산책객 모두를 위하는 마음은 이차적인 것이라고 할 수 있다. 내가 수필을 쓰는 행위도 같은 맥락에서 얘기를 하면 될 것 같다.

나는 수시로 가슴이 답답한 증세를 경험하고 있다. 뭔가 자신이 쓸쓸하게 생각되고 억울하게 여겨질 때면 곧은 길처럼 줄이 죽죽 그어진 원고지 위에 나의 답답한 심정을 풀어내야 한다. 그러기에 내가 수필을 쓰는 행위는 일차적으로는 나 자신을 구원하기 위해서다. 수필을 일러 '오나니슴 문학'이라고 비아냥거리는 소리를 듣게 될지라도 개의치 않는다. 내가 쓰는 수필이 독자에게도 구원이 될 수 있다면 얼마나 좋겠는가 하는 바람을 가지고 있다. 솔직히 말해서 수필이란 것이 일차적인 구원만에 그친다면 수필가의 존재라는 것이 이 세상에 떳떳한 얼굴을 하고 서 있기는 어렵다고 생각한다.

소풍의 사전적 풀이의 두 번째 뜻을 얘기할 차례가 된 것 같다. "학교에서 자연 관찰, 역사 유적 등을 견학하기 위해 먼 길을 다녀옴." 누구나 국민학교 시절 소풍을 다녀온 추억들을 지니고 있을 것이다. 꽃이 피고 새싹이 돋고 산새가 울고 나비가 나는 자연 현상을 관찰한 것. 신라 때 아니면 고려 때의 유적이 내 고장에 있다는 걸 직접 돌아보게 된 것. 어린 시절 소풍 가기 전날 밤 마음이 들떠서 잠을 설친 것이라든가 소풍 가서 보고 느낀 감상과 경이감은 뇌리에 또렷이 입력되게 마련인지 평생 동안 퇴색되지 않는다. 그래서 어린 시절 소풍 간 얘기를 쓰라면 소재가 빈곤해서 못 쓰겠다는 사람은 많지 않을 것이다.

나는 졸작 수필 〈외가 만들기〉에서 나의 외가 얘기는 쓰지 않고 장차 내 외손주들의 외가가 되는 얘기를 쓰는 것으로 글빚을 갚은 바가 있다. 이 글에서도 내 어린 시절 소풍 얘기는 그만두고 장차 내 외손주들의 소풍길을 상상해 보는 얘기를 쓰고 마칠까 한다.

우리 동네에는 고려 현종 때 창건한 진관사津寬寺라는 유명한 절이 있다. 인근 국민학교에서는 소풍 장소로 진관사를 꼽기도 한다. 뿐만 아니라 세종대왕의 아홉째 왕자로 알려진 화의군和義君의 묘도 가까운 곳에 위치하고 있다. 서울의 공해가 극심하다고는 해도 우리 동네는 예외라고 할 수 있을 정도로 공기가 맑아서 이사가지 않고 20년을 계속해서 살고 있는 중이다. 따라서 내 외손주들이 소풍 장소로 삼기에 조금도 손색이 없다고 생각한다. 현재 외손주들은 각각 영국과 독일에 살고 있다. 제 아비들의 해외 근무가 끝나거나 유학공부가 마쳐져야 귀국하게 될 것이고 그때는 외가를 찾게 될 것이다. 외손주들의 소풍길이 아름다운 기억으로 남도록 하기 위해서도, 나는 아침 산책길에서 깨진 병조각을 줍거나 빈 과자봉지를 줍는 행위를 마다하지 않을 것이다.

(1993)

익사한 꿈

 을축乙丑년 대홍수라는 것을 말로만 들었을 뿐 실감을 못하고 살아왔는데, 이번 집중 호우로 빚어진 물난리를 겪고서야 비로소 65년 전의 광경이 상상되었다고나 할까.

 나는 다행히 지대가 높은 동네에 살고 있어서 개인적으로는 수해를 당하지 않았지만, 관계하고 있는 출판사가 수해를 당하게 되어 물난리라는 것을 피부로 실감할 수가 있었다. 따라서 텔레비전 화면을 통해서 본 수해현장도 생생하게 실감할 수가 있었다.

 사무실로 들어가는 골목 좌우로는 개인주택들이 있는데, 이번에 이 주택들이 침수가 되어 가재도구들을 미처 옮기지 못해서 피해가 적지 않았다고 들었다.

 어느 날 이 골목을 들어서다가 목격한 광경은 나에게 적지 않은 감동을 주었기에 두고두고 잊지 못할 것 같다. 아마 국민학생의 것인 듯한데, 젖은 교과서를 한 장 한 장 넘기면서 햇볕에 말리고 있는 어떤 아버지의 뒷모습을 어찌 심상하게 보아 넘길 수 있었겠는가. 다른 가재도구도 말려야 할 것들이 많았을 테지만, 그 아버지는 아들(딸인지도 모르지만)의 교과서부터 그토록 정성을 들여 햇볕에 말리는 일을 하고 있었던 것이다.

밀레의 그림 〈이삭 줍는 사람들(이삭줍기)〉만 감동을 주는 것은 아니라고 생각한다. 따뜻한 마음을 가지고 보면, 이 세상 도처에서 그와 같은 감동적인 광경과 만나게 되리라는 것을 믿는다.

텔레비전 화면을 통해서 본 광경들도 그런 감동적인 '그림'이 많았다고 생각한다. 특히 한강 둑이 끊어져서 엄청난 피해를 당한 고양군의 주민들이 통곡을 해도 시원찮은 피해 현장을 보면서도 굳건하게 일어서고 있는 모습이야말로 다름 아닌 위대한 '그림'이었던 것이다.

나는 아들의 젖은 교과서를 햇볕에 말리고 있는 아버지의 뒷모습에서, 수마에 못쓰게 된 농사지만 한 톨이라도 건져보려고 벼포기를 일으켜 세우고 있는 어떤 농부의 뒷모습을 연상했던 것이다.

지금 세상은 매우 어지러운 것으로 표현되고 있다. 비관론자들은 우리나라의 미래를 심히 우려하고 있는 것 같다. 나는 이번 수해현장을 보고 그렇게 생각하는 것은 잘못이 아니냐고 반문하고 싶다. 어떤 고난에서도 좌절하지 않고 일어서려는 의지를 보면서 그런 비관론자의 말에 어찌 동의할 수 있단 말인가.

나는 출판사 창고의 침수되어 못쓰게 된 책들을 생각하고 밤에 잠을 못 이루기도 했다. 책임편집으로 출간했던 책들, 그 가운데서도 '에세이 문고' 전 120권은 심혈을 기울여 출간했던 기획물이었다.

국내 작가는 물론 외국 작가의 빛나는 수필들을 망라해서 내놓은 문고본들 하나하나가 나의 분신들처럼 애착이 가는 것들이었는데 이번 수해로 대부분이 못쓰게 되었다는 사실이 한동안 나로 하여금 우울한 날을 보내게 하였던 것이다.

지하 창고 안에 그득한 책들이 물에 젖어 있는 처참한 광경은, 일껏 땀흘려 지은 농사가 물에 잠겨 못쓰게 된 것과 똑같게 보였던 것이다. 내가 술을 마실 수 있는 사람이었다면, 아마 지금쯤 술로 병이 나서 누워 있게 되었을지도 모른다.

나는 꿈을 꾸면 곧잘 신발을 잃어버리거나 아니면 개천에 빠지는 꿈을 꾸었다. 어느 날 밤에 꾼 꿈도 그런 것이었다. 그런데 정도가 좀 심한 편이었다고나 할까. 흙탕물에 빠져서 하마터면 익사를 면치 못할 뻔하였던 것이다.

꿈을 깨고 나서도 그저 꿈이었다는 것만 다행으로 여겼었는데, 지금 생각해 보니 지난번에 꾼 꿈만은 이유가 있는 것이 아닌가 싶다.

그 많은 문고본에는 책마다 편집위원이란 명목으로 내 이름이 박혀 있었던 것이다. 그러고 보니 그 책이 침수되었다는 사실은, 바로 나 자신이 물에 빠져서 죽게 된 것과 크게 다르지 않았던 것이다.

나는 시력이 나빠져서 이제는 잔글씨를 한참만 보고 있어도 쉽게 눈이 피로해지는 만큼 일을 하다가도 창 밖을 자주 내다본다. 그런데 사무실 직원들은 젊은 사람들이라고는 해도 창 밖은커녕 옆 사람도 안 돌아보고 일에 열중하고 있다.

나는 그런 모습을 보고 자괴지심自愧之心을 금할 수 없었다. 꿈에 흙탕물에 빠져서 익사할 뻔했다는 생각이나 하고 있었으니 말이다.

(1990)

외가 만들기

쭈, 쭈, 쭈쭈르르르……

제비가 처마 밑에 둥지를 틀고 드나들면서 지저귀는 소리다. 다섯 마리나 되는 새끼들까지 지저귀고 있어서, 집 안은 온통 제비들 지저귀는 소리로 가득 찬다.

마당에서는 여섯 마리나 되는 강아지들이 저희들끼리 장난을 치면서 논다. 볼수록 귀엽다는 생각이 든다. 고향집에 살 때 개를 길러보지 않은 것은 아니지만, 이렇게 여섯 마리나 실패 없이 길러본 것은 처음이기 때문에, 더욱 대견스럽다는 생각을 하게 되는지도 모른다.

마당 앞 담장 가에는 여남은 그루의 나무들이 각기 다른 얼굴로 눈길을 끌고 있다. 어느 나무인들 정이 안 가랴만, 유독 나의 눈길을 끄는 나무로는 앵두나무를 들지 않을 수 없다.

빨간 열매가 많이 달려 있는 것이 꽃들처럼 예쁘게만 보인다.

마당 한쪽 어린애 엉덩이만 한 데에는 상추와 쑥갓이 자라고 있는데, 그 사이에는 봉숭아 몇 포기가 하얀 꽃, 빨간 꽃을 피워주고 있어서 한껏 시골집 분위기를 느끼게 한다.

아이들은 학교와 직장에 다들 나가고 집에는 아내와 나만 남아서 집을 보고 있다. 아니, 집을 보고 있는 것은 아내이고, 나는 '외가'라는 주제의 수필을 청탁받고 무엇을 쓸 것인가 고민 중이다.

외가가 없는 사람이 있겠는가만, 나는 외가 이야기로 수필 한 편을 써볼 생각이 날 만큼 좋은 추억거리를 지니고 있지 않기에, 청탁에 응낙한 것이 후회스럽기만 하다. 그래서 아이들의 외가 이야기로 글빚을 갚아볼까 했으나, 아이들의 외가는 너무 멀리 떨어져 있어서 자주 왕래를 하지 않다 보니, 우리가 보통 떠올리고 있는 외가의 이미지로 부각시키기에는 알맞지 않을 듯싶어서, 잠깐 붓을 놓고 창 밖으로 눈길을 보내본다.

바로 그때, 그곳에서는 기다리고나 있었던 듯 정겨운 것들이 말을 걸어오고 있지 않는가? 뭐라고 지저귀면서 집 주위를 날아다니고 있는 제비 새끼들, 그릇에 뻥 둘러서서 밥을 먹고 있는 귀여운 강아지들, 빨간 열매를 꽃처럼 달고 있는 앵두나무, 손톱에 꽃물 들이던 소녀가 생각나는 봉숭아, 그리고…….

문득 제목부터 떠올랐다. '외가 만들기'다. 그렇다. 바로 이것이다. 내 집이 외가가 되는 꿈을 그려보자는 것이다.

아내가 나에게 와준 나이를 생각할 때, 큰딸과 작은딸은 벌써 결혼해서 아이를 한둘 두었음 직하다. 그러니 나의 '외가 만들기' 설계는 현실성이 충분하다고 본다.

우리가 보통 떠올리는 외가의 이미지는 무엇일까?

어린 오누이가 시오 리쯤 걸어가서, 미루나무들이 하늘을 향해 가지를 쭉쭉 뻗고 서 있는 동구 앞을 지나, 산자락 밑에 엎드어 있는 어느 초가에 들어서면 외할머니와 외할아버지가 "우리 강아지들 왔구나!" 하고 반색하면서 맞는 집. 아니면, 버스로 오십 리쯤 가서 내려, 어미소와 새끼소가 풀을 뜯어먹고 있는 냇가 둑길을 가다가, 원두막이 있는 참외밭을 지나, 들 가운데 있는 동네의 한 집을 찾아들면, 외할머니와 외할아버지는 물론, 외삼촌과 이모가 반색을 하면서 맞는 집이 바로 외가다.

내 집이 그런 정경의 위치에 있는 것은 아니지만, 서울이면서 교외나 다름없이 산이 있고, 풀밭이 있고, 공기가 맑아서, 장차 외손자들의 외가로 별 손색이 없겠다는 생각이 든다. 되도록이면 딸들을 그리 멀리 시집보내지는 않겠고, 외손자들이 찾아오면 좋은 추억이 될 수 있도록 지금부터 조금씩 준비를 하고 있는 중이다.

국민학교 5학년짜리 아들아이에게 우표 수집, 성냥갑 모으기 같은 취미를 가지게 하는 것도, 좋은 외가가 되게 하는 배려이기도 하다. 조카들이 올 때마다, 모아둔 우표와 성냥갑을 약간씩 선물하면 얼마나 좋아하겠는가? 또 그 아이들에게 자연 학습을 시켜주기 위해서는 외삼촌이 먼저 알아둘 필요가 있다고, 오늘 아침만 해도 뒷산으로 함께 산책을 나가서 산딸기도 따 먹게 하고 개암도 가르쳐주면서, 옛날에 아버지가 소년 시절을 보낼 때에 즐겨 따 먹었던 산열매라고 자상한 설명까지 해준 일 역시, 좋은 외가가 되게 하는 일련의 준비 과정에 드는 것이라고 말할 수가 있다.

방학이 되면 딸들은 제 아이들을 외가로 쫓을 것이다. 아무리 둘러보아도 콘크리트 건물들만 눈에 띄는 삭막한 환경인지라, 방학 동안만이라도 아이들을 자연에 접할 수 있게 하고, 곤충 채집이며 식물 채집 등 방학 숙제도 외가에 가면 쉽게 할 수 있다는 이유를 들어서 말이다.

우리 속담에 "외갓집 들어가듯 한다."라는 말도 있지만, 외손자들은 아무 거리낌이 없이 저희 집보다도 더 만만한 집으로 여기고 있었던 만큼, 들어서자마자 앵두나무로 가서 마구 따 먹는 놈, 강아지들을 못 살게 굴면서 그 중 한 마리를 가지고 가겠다고 달라는 놈, 손톱에 봉숭아 꽃물을 예쁘게 들여달라고 제 이모에게 성화를 대는 놈들 때문에 우리 집은 매우 소란해질 것이 틀림없으리라.

그러잖아도 적잖이 다섯이나 되는 아이들을 기르느라고

편할 날이 없었던 아내는, 말썽꾸러기 외손자놈들에게 이제 그만 너희 집에 가라고 야단을 치겠지만, 나는 더 좀 놀게 놓아두지 그러느냐고 핀잔을 줄 것이다. 애들은 야단치는 외할머니나 핀잔주는 외할아버지 소리는 아랑곳하지도 않고, 계속해서 저희들 마음대로 떠들고 놀 것이라고 상상을 해보면 지금부터 유쾌해지기만 한다.

(1985)

운명적인 관계

나는 수필을 공부하고 수필을 쓰는 사람인 만큼 프란시스 베이컨을 수필의 할아버지쯤으로 여기고 그의 에세이를 탐독한다. 그의 에세이에는 내가 수필을 쓰는 데 있어서, 세상을 살아가는 데 있어서, 교훈이 되고 참고가 되는 구절이 적지 않아서 밑줄을 그어놓고 가끔 그 구절을 음미해 보기도 한다.

"병든 몸은 감옥이다."

그의 에세이 〈학문의 진보〉에 들어 있는 한 구절이다. 그렇다. 병든 몸은 감옥과 같다. 나의 아버지는 지금의 내 나이보다도 젊어서부터 병환으로 자리보전을 하고 계셨다. 어느 글에서도 쓴 일이 있지만 아버지는 그때 맏며느리의 얼굴이나 보고 죽어야겠다고 나의 결혼을 서두르셨기에 나는 효도하는 셈치고 결혼을 한 것인데, 그로부터 30년의 세월이 넘었는데도 아버지는 여전히 자리보전을 하고 계시는 것이다. 그러니까 아버지는 지금 30년 동안이나 감옥생활을 하고 계시는 것과 같다고 할 수 있다. 아버지는 언필칭 "나만큼 아픈 사람은 없을 것이다."라고 말씀하시는 것만 들어보아도 스스로가 수형受刑의 고통을 토로하고 있는 것과 같다고 본다.

나의 아버지는 세상에 못마땅한 것이 참 많다고 생각하시는 것 같다. 그 중에서도 당신과 관계되는 일에 대해서 못마땅한 감정을 토로하시곤 한다. 병을 씻은 듯이 낫게 하는 약이 왜 없느냐는 것이다. 의사는 그런 약을 주지 않고 효과도 없는 약을 주느냐는 것이다. 며느리가 해주는 음식은 못마땅한 것뿐이다. 위장이란 음식을 먹으면 삭이게 되어 있을 텐데 어쩌자고 당신의 위장은 음식을 먹어도 삭이지를 못하고 탈이 나느냐고 찡그리시기만 하니 좋은 안색일 때가 드물다.

나는 아버지에게 불경스런 얘기를 쓰고 만 셈인데, 어쨌든 나의 아버지가 병환으로 감옥생활과 다름없는 생활을 하고 계시는 만큼 나의 아내는 별 수 없이 간수看守라는 직분을 수행하는 사람이라고나 할까. 그런데 나의 아내는 여느 간수와는 다르다. 여느 간수는 수형자에게 군림할 뿐만 아니라 명령일변도로 수형규칙을 지키도록 강요하는데 전혀 그렇지가 않은 점이 다르다고 할 수 있다. 반대로 수형자인 아버지는 왕이고 간수인 아내는 시종인 것이다. 따라서 왕이 명령하는 대로 복종할 따름이다. 수라상이 시원찮다고 호통치면 다소곳이 들고 다른 수라상을 마련하여 올린다. 병원도 수시로 바꾼다. 아버지의 마음에 드는 의사는 없는 것 같다. 그런 아버지가 얼마 전에는 낙상을 해서 입원을 했다. 집에서 가볼 만한 병원은 다 가보았고 한 군데 가보지 않은 병원이 있었는데, 공교롭게도 바로 그 병원에 입원을 하시게 된 것이다.

아버지는 한 달 가까이 병원에 계시다가 퇴원을 했다. 그날 따라 제일 추운 날이고 길은 빙판이 되어 내가 살고 있는 동네로는 차가 올라갈 수 없어서 우선 막내아우 집으로 모시게 되었다. 왼쪽 다리의 대퇴부가 골절이 되어 수술을 받으셨기 때문에 몸은 운신하기 어렵고 통증이 심하여 그 고통스러움을 호소하시니 자식들은 어떻게 해야 할지 엄두가 나지 않아 불효의 마음만 더했을 뿐이다.

막내아우한테서 전화가 왔다. 아버지는 사흘도 지나지 않아서 큰형님 집으로 가겠다고만 하시니 어찌했으면 좋겠느냐는 것이다. 나는 모시고 오더라도 며칠만 더 계시다가 오시도록 하라고 아우에게 일렀건만 아버지가 막무가내로 듣지 않으신다는 것이다. 나는 아버지가 야속하다는 생각만 들었다. 난방이 잘되어 있는 막내아들 아파트에서 좀 계실 일이지 수도관마저 얼어서 물도 안 나오고 방도 추운 큰아들네 집에만 오시겠다고 고집하시니 말이다.

아버지가 다시 우리 집에 오시고 그 이튿날 아우한테서 전화가 왔다. 간밤 아버지가 어떻게 지내셨느냐기에 혼자서 참으신 건지는 몰라도 신음소리 크게 안 내시고 주무셨고 아침도 괜찮게 드셨다고 말했더니 아우는 믿기지 않는 모양이었다. 아우가 어제 우리 집에 와서 느꼈겠지만 정말 수돗물도 안 나오고 방은 춥고 병환 중의 아버지가 어떻게 지내실 수 있을까 매우 걱정이 되었기 때문에 큰형의 말이 믿기지 않을 것은 물론이다.

나는 간수 자격도 없으면서 간수 대신 아버지에게 큰소리로 말했다. 막내아들도 아들인데 따뜻한 아파트에서 계시다가 날씨가 풀리면 오실 일이지 그렇게 고집을 부리시면 되느냐고 했더니 아버지는 이런 사정을 말씀하시는 것이 아닌가.

막내며느리의 시중을 받는 건 도무지 편하지 않아서 싫더라는 것이다. 나는 이 말씀을 아내의 다음과 같은 얘기를 듣고서 십분 수긍할 수 있게 된 것이다.

운신을 못하시니 화장실에도 갈 수가 없어서 대소변을 방에서 볼 수밖에 없는 형편인데, 어찌 막내며느리에게 그 형편을 보이면서 지내실 수 있겠느냐는 것이었다.

나는 다시 베이컨의 에세이 〈결혼과 독신 생활에 관하여〉에서 한 구절 옮겨 적어볼까 한다.

"아내는 젊은 사람들에게는 연인이며 중년에게는 반려자, 노인에게는 간호인이다."

'중년'이란 말을 국어사전에서 찾아보면 '마흔 안팎의 나이'라고 풀이되어 있다. 그러고 보면 나는 이미 중년이 지난 사람인 만큼 '노년'의 세대에 와 있다고 하겠다. 따라서 아내는 나의 간호인이라고도 할 수 있다. 이 글에서는 나의 건강 얘기를 쓰지 않았지만 나 역시 반생을 내내 불건강한 사람의 처지를 벗어나지 못하고 사는 중이다.

나의 아내란 사람은 우리 집에 와서 오랫동안 두 사람의 간호인 노릇을 하느라고 편할 날이 없었던 것이다. 우스운 얘기를 하나 덧붙이자면 어쩌다가 아내가 친정에라도 가는 날이면 아버지와 나 두 사람은 똑같이 감기에 걸리고 만다. 물리적 환경으로는 실내의 온도라든가 변화한 것이 없는데도 감기에 걸리게 된다는 것이 언뜻 생각하면 납득이 되지 않겠지만 사실이기에 하는 말이다.

홀로 된 아버이를 모신다고 하는 것은 아무리 잘 모신다고 해도 불효를 면하기 어렵다. 나는 다행히 아내가 돌아가신 어머니 대신 아버지의 간호인 노릇을 성실하게 수행하고 있어서 불효한다는 말을 덜 듣고 사는지도 모른다.

(1990)

자존심

요즘 나를 본 사람들은 으레 머리가 왜 그렇게 희어졌느냐고 묻는다. 번거롭지만 나는 그때마다 그리 된 연유를 설명해 주고 쓸쓸하게 웃고 만다.

나는 조백早白으로 머리가 일찍부터 희어져서 염색을 했던 것이다. 그런데 염색약 때문인지 시력이 현저하게 떨어져서 부득이 그 짓을 그만두었더니 본색이 드러나고 만 것이다. 머리가 왜 그렇게 희어졌느냐고 묻는 것은 왜 그렇게 늙어버렸느냐는 말처럼 들려서 별로 유쾌하지 못했지만, 간혹 머리가 희어지고 보니까 인간 문화재 박균석朴均錫옹을 닮아 관록이 있어 보인다고 말하는 이도 있어서 듣기 싫지만은 않았다고나 할까.

박균석옹은 중요무형문화재 63호로 지정을 받은 '북메우기' 장인匠人이다. 알아듣기 쉽게 소개를 하자면 88서울올림픽 개·폐회식 때 웅장한 모습으로 수많은 사람들의 시선을 끌었던 용고龍鼓의 제작자다. 용고를 치면 그 소리가 얼마나 장엄하던가. 나는 장엄한 그 소리에서 우리 한국인의 당당한 기상을 감지할 수 있었던 것이다.

혹시 나를 소개할 경우 상대방이 잘못 알아듣는 경우엔 인간문화재 아무개가 나의 숙부라고 말을 하면, 그러고 보니 그분과 많이 닮았다고 대답하는 소리를 듣기도 한다. 물론 숙질 간에도 닮을 수가 있다. 그런데 나는 숙부와 연령 차이가 많지 않기도 하지만 그분의 동생이 되느냐고 묻는 소리를 들을 정도로 닮은 모양이다. 나는 그 소리가 싫지 않게 들리기도 한다.

그분은 나의 숙부라는 관계를 떠나서도 입지전적 인물임을 서슴지 않고 말해도 될 것 같다. 어느 해인가 국제관광공사가 해외 홍보용으로 발행한 캘린더를 본 일이 있는데, 인물 사진으로는 유일하게 법고法鼓를 제작하고 있는 모습을 찍은 박균석옹의 사진이 눈을 끌었다. 남대문·경복궁·불국사 등 국보급 문화유적과 함께 수록된 숙부의 모습은 바로 전형적인 한국인의 초상이라는 생각을 했던 것이다.

'북메우기'란 말이 지금도 생소하게 들리는 독자를 위해서 동아출판사판 《세계대백과사전》의 풀이를 간추려 옮겨 적어 볼까 한다.

"가죽을 이용하여 북을 만드는 기술을 말하며 그 기술자를 고장鼓匠이라 한다. 북이라 하면 일반적으로 나무통에다 가죽을 메워서 두드려 소리내는 타악기, 즉 혁고革鼓를 말하는 것인데, 여기서 고장이라 함은 한국 재래의 가죽북을 제작하는 전승공예의 장인을 의미하는 것이다. 기록에 의하면 본래 조선왕조 경공장京工匠으로서 군기시軍器寺에 4명이 배정되어 있었는데, 이것은 북이 의기적儀器的 성격을 띠고 있었음을 뜻한다. 현재 기능 보유자로는 서울 종로구 무악동 박균석이 있다."

나는 백과사전에 실린 숙부의 사진을 들여다보았다. 공방工房에서 북메우기 일에 열중하고 있는 모습인데, 그 모습을 대하고 보니 그 분에 대한 몇 가지 에피소드가 떠오른다.

나의 숙부는 말이 없는 사람이다. 더욱이나 작업에 열중하고 있을 때는 부처님처럼 입을 다물고 한 마디 말도 하지 않는다. 그 때문에 무심한 사람이란 말도 듣고 오해도 받았지만 고칠 생각을 하지 않는다.

어느 날 세무서원 한 사람이 그분의 초라한 공방을 찾아갔다. "세무서에서 왔습니다." "……." '세무서'에서 왔다고 했는데도 그분은 들은 척도 않고 작품 제작에 몰두하고 있었다. 그처럼 찾아온 사람에게 불친절했던 대가로 해서 얼마만큼 불이익을 당해야 했던가는 짐작하고도 남음이 있을 것이다.

그런데 세무서원의 생각에만 불친절이지 숙부 자신은 불

친절하게 했다는 생각은 전혀 못한 것 같다. 제작에 열중하고 있다는 것은 바로 '통화 중'이나 마찬가지다. 통화 중에 어떻게 다른 사람과 이야기할 수 있단 말인가.

불친절의 예는 얼마든지 들 수 있다. 그분은 1979년 제4회 인간문화재 공예작품전 입상 발표에서 대통령상을 받았다. 그때 각종 매스컴에서 인터뷰 신청이 쇄도한 것은 물론이다. 그분의 생각에 그 신청을 다 응해 주자면 자기 일을 하나도 할 수 없겠다고 판단한 나머지 중요하다고 생각되는 몇 군데만 응하고 그 외는 다 거절했다. 인터뷰에 응해서도 대통령상까지 받았으니 정부의 지원이나 독지가의 지원을 받아 제작 규모를 확장해 볼 생각은 없느냐는 물음에 천만의 말씀이라는 듯, 생계를 위한 방편으로 해온 일일 뿐인데 그렇게까지 할 필요성은 느끼지 않는다고 잘라 대답하였던 것이다. 다시 말하면 그분은 대통령상을 받기 전이나 그 후나 하나도 달라진 것이 없었다. 도무지 매스컴에 휘둘림이 없이 자기 페이스를 유지하며 살았다.

학교라고는 국민학교 문턱에도 들어가본 일이 없는 분이 학력 때문에 위축된 것을 보지 못했다. 어느 대기업의 사원 연수 강사로 초대받은 일도 있었는데, 학력 때문에 위축되기는커녕 북을 만드는 일에 관해서만은 당신들의 대학교수라는 듯이 당당하게 이야기를 함으로써 수강자들을 놀라게 하였던 것이다.

나의 숙부는 지난해 5월에 고희를 넘긴 연세로 타계하였다. 얼마 전 그분의 1주기에 의정부 교외에 있는 묘소에 다녀온 일이 있다. 귀로에는 송추에서 점심을 먹게 되었다. 숙부의 사돈 되는 S교수 내외도 함께하는 자리였다. 숙부의 작은 아들은 일본 유학 중 국제결혼을 하였기에 S교수 내외는 일본사람이다. 사돈 내외는 한국말을 배워서 간단한 대화는 가능하였다. 음식점 메뉴를 보고 S교수는 '가르비탕'을 먹겠다고 말하기도 하였다. 고추가 들어 있는 음식도 맛있다고 하면서 먹는 것을 보고 자식을 사랑하는 마음은 국적까지도 초월할 수 있구나 하는 생각을 해보았다.

나중에 들은 이야기지만 숙부는 일본인 사돈과 한 가지 약속을 한 사실이 있다고 한다.

일본인 사돈은 한국말을 열심히 배우고 한국인 사돈은 일본말을 열심히 배워서 사돈끼리 만나면 서로 의사소통을 하면서 사돈 간의 우의를 더한층 돈독히 할 것을 약속하였다는 것이다.

그 약속을 이행하기 위해서 일본인 사돈은 열심히 한국말을 배웠다고 한다. 그래서 일본의 유수대학에서 유전공학을 강의하는 S교수는 한국말에도 상당한 실력자가 되었다고 한다.

이 이야기를 전해준 종매從妹에게 나는 "자네 아버지는 생전에 일본말을 배우는 데 얼마만큼 노력을 하셨는지 알고 있었는가?"고 물었다. 종매는 미소를 지으며 "아버지는 노력은

커녕 한 마디도 배울 생각을 안 하셨다니까요. 사돈만 한국말을 배워서 나하고 말을 통하면 되는 것이지 내가 왜 힘들게 일본말을 배운단 말이냐고 웃으셨어요."라고 대답했다.

평소에 잘 웃지도 않으셨던 분이 웃으셨다는 이야기를 들으니 나도 웃음이 나온다. 어쨌든 나의 숙부의 자존심은 알아주어야 할 것 같다.

(1990)

자기 얼굴 그리기

한 인간의 모든 언행은 알게 모르게 자기를 표현하고 있음을 본다. 말도 그러하고 행동도 그러하다. 누구나 자기를 밖으로 좋게 보이도록 언행을 하고 있다고 생각한다. 그러나 마음과 행동이 일치가 되지 않을 때는 부자연스러워서 도리어 좋지 않은 인상을 주게 된다.

사람의 일생은 이미지 메이킹의 과정이라고 말해도 좋을 것 같다. 외래어가 거슬린다면 '좋은 인상 만들기'라고나 할까. 여자는 자기를 아름답게 보이기 위해서 '메이크업'을 한다. 그렇다고 해서 누구나 화장만 하면 아름다운 여인이 되는 것일까. 어찌 생각하면 여자가 화장대 앞에서 아름다운 여인이고 싶은 소망을 가지고 화장을 하는 그 마음이 더 아름다운 것인지도 모른다. 마음이 아름답지 않으면 화장발이 잘 받지 않는다고 들었다. 화장은 곧 그 여인이 가지고 있는 아름다움을 진실되게 표현해 주는 수단에 불과하다.

  글을 쓰는 행위도 마찬가지다. "글은 곧 사람이다."라고 했듯이 글을 보면 그가 어떤 사람인가를 알 수 있다. 결국 문학이란 '인간 탐구'에 다름 아닌 것이다. 인간 자체가 한 우주와도 같기 때문에 그 누구도 인간을 완전히 안다고 말할 수는 없지만, 인간을 탐구하는 과정에서 그때그때 발견한 한 측면을 그려 내놓는 것이 문학 행위의 소산인 작품이 아닌가 한다.

  나는 모 신문사 문화센터에서 수필 강좌를 맡고 있은 지가 7년이 넘는다. 수강자가 대부분 중년 주부들인데, 수필 쓰는 일을 여성의 메이크업에 비유해서 말하기도 한다. 화장이 미운 얼굴을 예쁘게 변신시키는 기술일 수는 없다. 첫째는 자기 얼굴의 아름다움을 발견하는 자세가 중요하다. 링컨은 40이 넘은 사람은 자기 얼굴에 책임을 져야 한다고 말했다지만, 그때까지 형성된 자기 얼굴의 미美를 진솔하게 표현하면 되는 것이다. 물론 표현하는 데 있어서는 기술이 필요한 것이지만, 어쨌든 그 자신이 형성해 놓은 삶의 총화總和로서의 인상印象이 결정적일 수밖에 없다고 생각한다.

  일찍이 몽테뉴는 《수상록》 머리말에서 "나 자신이 곧 이 책의 내용"이란 뜻의 표현을 하였다. 수필은 문자를 통한 '자기 얼굴 그리기'라고나 할까. 자기 관조觀照의 문학이라고 말하는 소이所以이기도 하다. 그러므로 자기 주변의 인물을 그린다든가, 사물을 두고 자기 생각을 표현하는 것도 거기에 투영된 자기 얼굴을 표현한 것으로 볼 수 있다. 얼굴은 형태로 나타난 것만이 전부는 아니고 마음의 얼굴도 얼굴이기 때문이다.

나는 수필 쓰기를 지도할 때 '문학'보다는 '인간'을 더 강조한다. 멋있는 표현, 문학적인 표현을 하기보다는 인간적인 진실한 삶을 표현해야 한다고 강조한다. 문학이란 것도 인간을 위해서 존재함으로, 특히 수필문학을 공부하고자 하는 사람은 먼저 인생 공부부터 할 필요가 있음을 역설한다. 자기의 생활에 애착심을 가지고 그 생활을 밀도 있게 영위하는 사람은 틀림없이 좋은 수필을 쓸 수 있다. 수필은 허구虛構로 쓰는 문학이 아니고 사실에 바탕을 두고 거기에서 발견한 진실을 표현하는 문학인 만큼 작가 자신의 인격이 글의 품격을 좌우한다.

수필에 있어서의 아름다움이란 무엇인가. 한 마디로 말하면 진실이다. 수필이 감동을 주는 것은 거기에 진실이 들어있기 때문이다. 물론 시詩나 소설도 진실을 표현하고 있지만, 그 진실은 허구라는 가설무대를 통해서 표현하는 문학인 만큼 수필이 표현하고 있는 진실과는 다르다고 할 수 있다. 수필의 진실은 작가 자신이 직접 고백하는 형식으로 표현한 것이기에 그 자체가 매력일 수도 있다. 앞에서 인간은 각자가 자기 속에 한 우주를 형성하고 있다고 말했지만, 저마다의 우주가 비장秘藏하고 있는 인생의 내면 풍경을 고백한 수필 형식의 글이 어찌 호기심을 불러일으키지 않겠는가.

나는 말을 참 못하는 사람이다. 더욱이나 남들 앞에서는 의사 표시를 제대로 하지 못해서 고민이다. 그런 내가 문화센터에서 말로 수필 쓰는 법을 가르치고 있으니 쓴웃음이 나온다.

수필은 자기를 표현하는 문학이다. 그러므로 자기가 가지고 있는 것만큼만 표현하면 된다. 의도적으로 자기를 돋보이게 하려고 함은 금물이다. 겸허한 자세로 써야 한다. 글 솜씨가 없으면 없는 대로, 말 솜씨가 없으면 없는 대로 정직하게 표현하라. 멋있는 표현, 문학적인 표현을 하려고 애쓰기보다는, 자기 영혼에 부끄럽지 않은 진실을 표현하는 것이 좋은 수필 쓰기의 지름길이다.

한 수강자는 문화센터의 다른 강좌도 들으러 다녔다고 한다. 말을 어떻게 하면 잘할 수 있는가를 가르쳐준다는 '화술話術' 클래스에 들어갔는데, 강사가 의외에도 그에게 말을 잘한다고 하더라나. 수필반에서 배운 대로 꾸미지 않고 진실하게 자기 생각을 표현했을 뿐인데, 그런 칭찬을 들었다는 것이다. 더욱 놀란 것은 화술 클래스 선생의 말도 수필반 선생의 말과 별반 다르지 않더라는 것이다. 내용 없는 말을 번드르르하게 늘어놓는 것보다는 한 마디를 해도 진실한 말을 해야 한다. 말은 곧 그 사람의 인격을 표현하는 것이니 말 공부를 하기 전에 인간 공부를 먼저 해야 한다는 등 또 다른 '수필' 공부를 하고 있다는 생각을 하게 되더라는 것이다.

나는 속으로 미소를 짓지 않을 수 없었다. 또 한 사람은 '역학易學'을 배우러 다녔다고 한다. 수필과도 관련이 있다고 생각해서다. 수필이 인간 탐구의 공부라면 역학도 인간 탐구의 공부라 할 수 있다.

역학 공부는 범위를 좁혀서 말하면 관상觀相 공부다. 그런데 이 관상 공부 선생의 말도 수필 선생의 말과 별로 다르지 않더라는 것이다.

인간은 반드시 사주·관상에 의해서 운명이 정해진 것은 아니다. 얼마든지 운명을 극복하고 자기 발전을 기할 수 있는 데에 인생살이의 묘미가 있다. 문제는 자기의 삶을 얼마만큼 성실하게 운영하였으며, 선善의 공덕이 얼마나 되느냐에 따라서 운명이 달라지기도 한다.

이런 예화가 있다. 관상으로 볼 때는 가난을 면치 못할 사람이 부자로 사는 경우가 있다.

어떤 사람이 여름날 논둑을 가다가 올챙이, 송사리 떼가 모여든 물고기를 보았다. 가뭄이 극심한지라 불과 몇 시간만 지나면 그것들은 떼죽음을 당하겠다 싶어 삽으로 떠다가 냇물에 놓아주었는데 어찌나 좋아들 하는지 자기 기분도 덩달아 좋아지더라는 것이다.

그는 그 좋은 기분을 가지고 사람들을 대했더니, 사람들이 그의 인상이 참 좋다고 말하더라는 것이다. 그렇게 되자 자기를 도와주는 사람들이 생기고, 또한 어떤 일을 하게 되더라도 잘 풀려서 부자로 살게 되었다는 이야기다.

관상이 불여不如 심상心相이다. 관상이 좋아도 심상보다는 못하다는 것이다.

"인간은 자기 자신에 의해서만 구제된다. 자기에 의해서, 그리고 자기 속에서." (프란쪼스, 〈바르노프의 유태인〉)

(1991)

4부

봄앓이를 할지언정
여름 그리고 고향
목화 이야기
바람결에도 어머니의 음성이
오식 이야기
인생의 열차에서
아버지와 아들1, 2
얘깃거리가 있는 인생을 위하여

봄앓이를 할지언정

 새해의 달력을 걸어 놓게 되면 '입춘立春'이 어느 날에 들어 있는가를 맨 먼저 살펴보게 된다. 24절기의 첫 절기이기도 하지만 '봄이 든다'는 뜻을 담고 있는 '입춘'이란 말이 그지없이 좋은 문자여서 그렇다. 사실 건강이 부실한 나로서는 겨울은 그 어감이 주는 탓도 있지만 '죽음의 계절'과도 같아서 한겨울 내내 움츠리면서 '반 죽은 사람'으로 지내지만 그래도 봄이 올 것이라는 기대를 가지고 견딘다.
 겨울에는 약수터 산책도 중단하지 않을 수 없다. 샘에 파이프를 연결해 놓고 수도꼭지에서 받게 되어 있는 약수인지라 사뭇 추운 날은 그것이 얼어 버려 물이 나오지 않기 때문에 헛수고에 그치게 되는 수가 많기도 하지만, 내가 약수터 산책을 중단하는 중요한 이유는 감기에 걸릴까 두려워서다. 건강이 부실한 사람에게 감기가 얼마나 두려운 존재인가는 설명이 필요치 않을 것이다. 아침이면 약수터 산책을 함으로써 살고 있다는 실존적인 의미를 되새기게 되었는데, 그것이 일과에서 빠져 버린 겨울이야말로 인생의 동면冬眠이라고 할까, 길고 긴 어둠의 터널일 뿐이다.

정확하게 말하면 입춘은 봄이 아니다. 금년 달력을 보면 2월 4일이 입춘인데, 어째 봄이라고 할 수 있겠는가. "입춘 추위에 김칫독 얼어터진다"는 속담도 있을 만큼 입춘 무렵의 추위는 만만치가 않다. 그런데 이상한 것은 기온은 한겨울의 그것인데도 체감 온도가 다르다. 뺨에 부딪는 바람의 촉감이 봄을 느끼게 한다.

입춘이 지난 지도 며칠 되었고, 이른바 '설'이라는 명절을 쇠고 나자 마음부터가 달라진다. 기온은 아직도 영하 몇 도라는 것을 모르지 않으면서 아내와 나는 약수터에 산책을 나간 것이다.

설 전후해서 내린 눈으로 산책로도 눈으로 덮였고, 소나무와 떡갈나무도 눈을 이고 있어서 한겨울의 풍경과 다름이 없다. 약수터에도 사람들이 안 보인다. 보나마나 수도꼭지는 얼어 있어서 물도 안 나오겠지 싶으면서도 들러 본 것이다. 그런데 웬일이냐 싶게 수도꼭지를 틀자마자 약수가 콸콸 쏟아지는 것이 아닌가. 아내와 나는 배낭에 지고 들고 할 만큼 약수를 마음껏 받을 수 있어서 얼마나 기분이 유쾌했는지 모른다.

 오랜만에 약수를 마음껏 받을 수 있었던 것도 유쾌했지만, 약수가 그처럼 시원스럽게 콸콸 쏟아지면서 나는 소리가 '봄! 봄! 봄!…' 하는 노랫소리로 들려 더없이 유쾌한 기분이었다.

 그러고 보니 마주 보이는 진달래와 오리나무도, 그리고 소나무와 떡갈나무도, 봄의 요정들이 수액의 통로를 따라 부지런히 오르내리며 물을 길어 나르고 있는 듯이 보였다. 무거운 약수통을 집에 갖다 놓고 뜰의 나무들을 보니 역시 봄의 요정들이 부지런히 물통을 들고 수액의 통로를 따라 오르내리고 있는 것이 보이는 듯하였다. 오늘따라 진달래와 목련나무는 눈으로 식별이 될 만큼 꽃눈을 수없이 달고 있지를 않은가. 나는 갑자기 부끄럽다는 생각이 든다. 저 꽃나무들은 봄에 아름다운 꽃을 피워 내기 위해서 모진 겨울 추위를 참고 견디었거늘, 나는 봄에 무슨 꽃을 피워 내려고 겨울을 인내했다고 말할 수 있겠는지….

 며칠 전 일이 생각난다. 어느 분이 전화로 모 기업체 홍보실장이라고 신분을 밝히면서 한 가지 부탁을 하는 것이었다. '사보'의 봄호를 꾸미면서 사원들에게 들려줄 뭔가 고무적인 이야기를 쓰려고 하자, 문득 민태원閔泰瑗의 〈청춘 예찬〉이란 수필을 인용하고 싶은데, 그 글을 찾아볼 수가 없어서 전화를 걸었다는 것이다. 〈청춘 예찬〉은 교과서에도 수록된 적이 있을 만큼 한때 명수필로 인구에 회자되었지만, 그분 말마따나 지금은 교과서에도 사라지고 얼른 찾아보기가 쉽지 않은 글이 되고 말았다. 어느 문인 친구에게 물어 보았더니 자기도 찾아볼 수 없으니 아무개한테 물어 보라고 하더라나. 나는 즉시 서재에서 그 수필을 찾아 팩시밀리로 그분에게 보내 주었지만 번거롭다는 생각은 전혀 들지 않았다. 뿐만 아니라 나의 글 쓰는 태도에 대해서도 반성을 하였다. 글이란 충분한 자료를 갖추고 난 다음 집필을 해야 하는 것이 글 쓰는 사람의 올바른 태도라고 할 수 있겠는데, 나는 그렇게 하지를 못한 것 같다. 준비해 둔 메모 노트에다 서재에 있는 책들을 뒤적이는 것 말고는 알지 못하는 사람에게까지 자료를 구해서 쓰지는 않았기 때문이다.

"청춘! 이는 듣기만 하여도 가슴이 설레는 말이다. 청춘! 너의 두 손을 가슴에 대고 물방아 같은 심장의 고동을 들어 보라. 청춘의 피는 끓는다. 끓는 피에 뛰노는 심장은 거선巨船의 기관汽罐같이 힘있다. 이것이다. 인류의 역사를 꾸며 내려온 동력은 꼭 이것이다."

예의 〈청춘 예찬〉이란 수필의 첫 대문이다. 청춘이 인생에서 가장 아름다운 시절이라는 것은 누구나 알고 있지만, 이 글을 읽음으로써 그 의미가 더 명확하고 절실하게 다가오는 느낌이다. 앞에서도 말했지만 나는 건강이 부실한 사람이어서 정작 청춘의 나이에서도 청춘다운 시절을 보내지 못한 것이다. '젖은 짚단이 타듯' 그렇게 약한 불길로 젊은 날을 보내고 말았으니….

내게는 겨울이 유독 길게만 느껴진다. 따라서 봄을 기다리는 마음도 더 간절하다. 겨울이 사뭇 추울 때는 봄이 길을 잃고 찾아오지 못할까 걱정이 되기도 한다. 또한 누군가가 수필 제목으로 쓴 '한심유항寒深柳巷'이란 말이 생각나기도 한다. "추위가 이렇게 깊으니 봄이 늦어지겠네"—이 말을 쓴 사람은 중국 명초明初의 시인 고계高啓라고 한다. 어쩌면 600년 전 사람의 생각이 나와 똑같을 수 있을까 놀랍기만 하다.

'한심유항'을 좀더 구체적으로 풀이를 한다면 "추위가 깊으니 마을의 버드나무 잎새가 움트는 봄이 늦어지겠네"가 될 것이다. 해마다 봄이 오면 마을 앞에 도열해 있는 버드나무에서 갖게 되는 경이감驚異感을 잊지 못한다. 버스 종점에서 내려 좀 지친 듯한 몸을 이끌고 집으로 돌아올 때 실실이 늘어진 버드나무 가지를 에워싼 공간이 연한 녹색의 안개가 낀 듯 물들어 있음을 보게 된 것이다. 나는 그런 현상을 내가 피곤한 탓으로 돌리고 그냥 지나치려 했지만 그리 되지를 않아서 가까이 다가가서 보았더니, 가지 마디마디에 보일 듯 말 듯 잎눈을 틔우고 있지 않겠는가.

그 다음의 이야기는 생략을 해도 될 것 같다. 버드나무 잎은 어느 것이나 아름답다. 수양버들도 그렇고 미루나무도 그렇고, 봄의 얼굴인 양 새잎이 돋아나서 그것들이 바람이 조금만 불어도 고운 잎을 살랑살랑 흔들어 대는 풍경이라니….

나는 정작 봄을 맞이하면 봄앓이를 심하게 하는 편이다. 자연의 기운이 온통 풀과 나무에 잎을 틔우고 꽃을 피우느라고 심지어는 내게서까지 에너지를 빌려 가는 모양인지 봄 동안 내내 기운을 차리지 못하는 것이다. 그래서 나는 봄 동안 아무렇지 않게 건강한 모습을 하고 있는 사람을 보면 미운 생각도 든다. 심장이 얼마나 강하면 연한 녹색의 버드나무 새잎을, 두견새의 목에서 나온 피로 물들여진 진달래꽃을 심상하게 바라볼 수 있겠는가 싶어서다.

(1994)

여름 그리고 고향

1

나는 대나무 고장에서 태어나 어린 시절을 대숲의 바람 소리를 들으며 보냈다. 전남의 담양은 추월산에서 발원하는 영산강 상류를 끼고 마을마다 대숲과 더불어서 취락이 형성되고 있기에, 생활 용구로는 대나무를 이용해서 만든 것이 많다. 소쿠리·광주리·발·방석·부채·베개 등인데, 이것들은 닷새마다 서는 죽물시장을 통해 팔려나가고 있다.

여름밤이면 보릿대나 생풀로 모깃불을 놓은 마당에 이동식 침상인 대나무 평상을 내놓고 거기 앉아 더위를 식혔다. 이 평상은 바닥을 댓조각으로 깔았기에 누우면 등에 닿는 감촉이 다르다. 게다가 대숲 바람이 등밑으로부터 시원하게 올라와서 그때만은 신선이 되는 기분이다.

나는 어린 시절 그런 평상에서 삶은 감자나 옥수수를 먹으며 할머니의 옛날이야기를 듣고 자랐다. 밤하늘의 은하수도 기울고 밤이슬로 옷이 촉촉하게 되면 할머니는 앵앵거리는 모기 떼를 대부채로 때려 쫓으며 들어가서 자라고 나를 깨운다. 나는 못 들은 척하고 그대로 누워 있다. 할머니는 힘에 겨운 듯 나를 안아다가 모기장이 쳐져 있는 방 안에다 뉘었다. 지금 생각하면 그때의 일이 기억에 생생한 것인지, 아니면 그렇게 기억하고 싶은 바람이 생생한 기억처럼 떠오르게 하는지 확실하지 않지만, 어쨌든 나로 하여금 어린 시절의 아름다운 추억을 되새기게 해준 것만은 사실이다.

나는 서울에서 오랫동안 살고 있으면서도 여름밤이면 대숲 마을의 고향집 마당에 놓여 있던 대나무 평상을 잊지 못한다. 언제부터 그런 평상 하나를 마련하고 싶었지만 마음으로 그쳤고, 나무 널빤지로 볼품없이 만든 평상 하나를 마련한 것이 고작이다. 이 평상을 옥상에다 갖다 놓고 앉아 더위를 식히는 것이 한 낙이다.

올여름에도 그 평상을 애용하려고 한다. 그런데 요즈음 계속 날씨가 궂어서 평상은 비만 맞고 지낸다. 장마가 어서 지나고 밤하늘의 별을 볼 수 있었으면 좋겠다. 그리하여 시집간 딸들이 찾아오고 거기 딸려 온 외손주들을 안고 옥상의 평상에 앉아서 밤하늘의 별을 구경했으면 좋겠다.

나의 외손주들은 너무 어려서 외할아버지의 이야기를 알

알아듣지 못할 것이다. 나는 이녀석들이 알아듣거나 말거나 은하수가 기우는 밤하늘을 바라보면서 저기 저 별은 견우성, 그 맞은편에 떨어져 있는 별이 직녀성 그리고 왼쪽으로 와서 큰곰·작은곰·사냥개·기린 등으로 이름 붙여진 별들의 이름을 가르쳐 줄 것이다. 이녀석들이 더 자라서 찾아오면 견우와 직녀가 칠월 칠석날 까치들이 만들어 준 다리를 건너 서로 만나 사랑을 속삭인다는 전설도 들려줄 것이다.

손주 녀석들은 외할아버지의 이야기를 다 듣지 못하고 잠이 들고 말 것이다. 나는 생풀 대신 피워 놓은 모기향을 끄고 이 녀석들을 안아다가 방에 뉘어 재울 것이다. 이 손주 녀석들에게는 별이 안 보이는 도심의 아파트보다는 시골과도 같은 외갓집 풍경이 아름다운 추억으로 간직되리라. 상상을 해 보면 지나간 세월이 조금도 따분하다는 생각이 들지 않는다.

2

우리 집 마당에는 감나무·대추나무·앵두나무 등 시골집의 향수를 달래주는 나무들이 몇 그루 서 있는데, 이것들이 제법 나무 그늘을 만들어주고 있다.

뿐만 아니라, 아내가 만들어 준 비닐끈의 줄을 타고 더덕과 강낭콩의 넝쿨이 지붕 위로 뻗어 올라가고 있어서, 밤이면 달빛을 받고 창에 그림자를 만들어주고 있는 것이 더한층 시골집의 분위기를 느끼게 한다. 비록 좁은 뜰이기는 하지만 나는 이런 공간이 있는 내 집을 사랑한다. 우리 집에 놀러 온 이웃 아이들 중에는 마당 한쪽에 심어 놓은 벼포기들을 보고 무슨 풀이냐고 묻기도 한다. 어린 내 외손주 녀석의 볼기짝보다도 좁은 면적이지만 물이 담긴 '논'에서는 벼포기가 미풍에도 살랑살랑 몸을 흔들고 있어서 아무리 보아도 지루하지가 않다.

고향 마을에서 보낸 여름날이 생각난다. 삼복더위에 밀짚모자를 쓰고 논의 김을 매면 나락(벼) 잎새에 팔꿈치가 훑이고, 거기 땀이 닿자 어떻게나 쓰라렸는지 참으로 견디기 어려웠지만, 그래도 아픈 허리를 잠깐 쉬기 위해 서서 옷소매로 얼굴의 땀을 씻고 났을 때 불어오는 마파람의 시원함이란 그 경험이 없는 이에겐 전달할 방법이 없다.

논물이 끓을 정도로 불볕 더위가 계속되다가도 화방산 기슭에서 불어오는 바람이 데불고 밀어닥친 소나기에 한 치는 더 자라 오른 듯 푸른 벼포기들의 생동감이 온 들판을 일렁이고 있을 때, 어찌 농주 한 사발을 기울이지 않고 배길 수 있었겠는가.

나는 원고를 쓰다가도 잘 풀리지 않으면 마당에 나가서 벼포기를 바라본다. 그때 뇌리에는 푸른 바다처럼 넓은 고향의 들판이 떠오른다. 큰 수로가 들판을 가로지르고 있어서 보기만 해도 풍년이 연상되고 마음도 시원해진다.

이런 나에게 아내는 벼포기 보는 값 내놓으라고 손을 벌린다. 그것들은 더덕이나 강낭콩처럼 아내의 솜씨로 이뤄진 풍경이기에, 나는 두말 않고 일금 얼마라고 말하면서 그녀의 손에 돈을 쥐어주는 시늉을 하였더니 올여름에는 꼭 시골에 가보자고 한다. 매년 여름이면 말로만 시골에 간다고 했으니 나를 믿지 않게도 되었을 것이다.

고향을 떠나온 지도 강산이 몇 번이나 변하는 세월이 흘렀다. 밭도 논도 남의 것이 되기는 했지만, 그 밭둑·논둑을 거닐면서 도시 생활에서 찌든 마음의 때를 씻어보고 싶다.

(1997)

木花 이야기

 옷이 날개란 말도 있지만 그 사람의 입성을 보면 어떤 계층인가를 쉬 알아볼 수 있다. 그러니까 30년 전이 되는 것 같다. 내가 S중학교에 입학시험을 치던 날 서울 아이들이 내 옷 주제를 보고는 너 시골에서 왔구나 하고 담박 알아보면서 얕보는 눈치를 보이는 것이었다.

 8·15 광복 직후여서 거의가 면직으로 된 옷을 입었다. 그러나 내가 입고 있는 옷은 같은 면직이긴 하지만 어머니가 손수 베틀에서 짜신 거라 달랐다. 흰 무명실과 노랑 무명실을 교대로 섞어 짠 골베라는 것이어서 무슨 천이냐고 일부러 물어보는 아이도 있었다. 쌀이 쌀나무에서 나는 거로 아는 그들 눈에는 희한하게 보였던지 손을 대서 만져보기도 했다.

 지금은 우리 고향에 내려가도 베틀을 보기 힘들다. 목화를 재배하지만 이불솜이나 옷솜으로 사용할 뿐 베는 짜지 않는다.

　나는 가끔 사진첩을 꺼내어 중학교 시험을 치려고 상경해서 찍은 사진을 들여다본다. 그 무명베 학생복을 입고 찍은 사진을 볼 때마다 지금은 아니 계신 어머니를 생각하고 콧날이 시큰해서 사진첩을 가만히 도로 덮어 버린다.

　어머니가 좋아하는 꽃은 목화木花였다. 장미처럼 아름다운 꽃은 아니지만 의식주衣食住의 첫째가 되는 의문제衣問題를 해결해 주는 꽃이기에 우리 어머니뿐만 아니라 당시 농촌의 여인들은 거의가 목화를 좋은 꽃으로 쳤다. 씨를 심고 가꾸고 꽃이 피고 그 열매가 익어서 또 한 번 꽃이 핀 그 목화송이를 딸 때의 시골 여성들이 간직하는 고운 마음을 어찌 다 헤아릴 수 있으랴. 정혼定婚이 된 처녀는 오색 무늬의 황홀한 꿈을 수놓을 이불솜을 생각할 것이고 효성이 지극한 며느리는 시부모의 한복에 햇솜을 두둑히 넣어 드릴 것을 작량하면서 정성을 들였을 게다.

　농촌에서 어린 시절을 보냈던 분들은 다 마찬가지겠지만 나 역시 국민학교를 다닐 적만 해도 어머니가 손수 짜서 만든 베옷을 입었다. 그 옷은 비록 촌티가 역연했지만 겨울날 등짝에 감촉되는 뜨뜻한 솜저고리는 바로 어머니의 체온이었던 것이다. 그뿐만 아니라 밤새워 기워준 양말이나 내의, 바지 등 그 어느 것 하나라도 어머니의 손길이 미치지 않은 게 없었다. 그러니까 그때의 우리들은 단순히 옷을 입고 다닌 것이 아니라 어머니의 사랑을 입고 다닌 것이나 마찬가지였다.

또한 동심의 추억이 되는 얘기로는 다래를 따 먹던 일이다. '머루랑 다래랑 먹고'의 다래나무의 열매도 산골에서 자랐기 때문에 잊히지 않는 추억이라 하겠으나 여기서는 목화 다래를 말하려고 하는 것이다.

목화꽃이 피고 조금 지나면 다래가 맺는다. 성급한 아이들은 미처 크지도 않은 걸 따먹기도 하지만 이건 떠름해서 맛이 없다. 그렇다고 딴딴하게 된 다래는 면화綿花가 다 되어 솜을 씹는 격이라 깨물었다가는 그냥 버린다. 이걸 본 어머니들은 목화 농사 버려 놓았다고 막 야단을 치는 것이었지만 우리들은 귀담아 들으려고 하지 않고 누구의 밭에서거나 다래를 따 먹었다. 적당하게 여문 다래는 참 맛이 있다. 그즈음 농촌 소년들에게는 빼놓을 수 없었던 군것질의 하나였던 것이다.

나일론 계통의 섬유가 개발되면서 우리의 의생활衣生活은 획기적인 변천을 거듭했다. 화학 섬유는 아주 질겨서 쉬 떨어지지 않을 뿐더러 오늘날 양말을 기워 신고 다니는 사람은 없을 정도로 편리해졌다. 뒤꿈치에 조그만 펑크가 나도 버리고 새것을 사 신으면 그만이다.

한국의 섬유공업은 국제 수준에 달했다는 걸 진즉 들어 알고 있거니와 베틀에서 짜낸 베옷 운운하는 건 시대를 역행하는 이야기인지도 모르겠다. 나 역시 질기지 못하고 쉬 더럼을

타면서 모양 없는 베옷을 아이들에게 입힐 생각은 없다. 다만 민속촌에라도 데리고 가서 그 애들 할머니께서도 쓰신 물레와 베틀 등 실물을 구경시켜 주고 그 과정을 들려주고 싶은 생각은 가지고 있다.

지금은 그렇지만도 않지만 얼마 전까지만 해도 침선 방적針線紡績 즉 바느질과 길쌈을 잘해야 좋은 며느릿감으로 쳤다. 우리 어머니는 어린 나이에 시집을 오셨기 때문에 미처 베짜는 것을 몰라 할머니한테 배우게 되었는데 눈썰미가 있어서 그냥 익히더라고 생전에 조모님께서 어머니 칭찬을 하시는 걸 여러 번 들었다. 어머니는 또 그 일을 내 아내에게 전수傳授하시었다.

이처럼 여공女功이 면면綿綿히 전수되어 내려왔는데 아름다운 한 풍속도風俗圖처럼 생각된다. 며느리가 시어머니한테서 베짜는 기술을 익혔다는 건 단순한 솜씨만 이어받은 것이 아니라 한국 여성이면 지녀야 되는 부덕婦德을 전수받는 의식儀式이라 하겠다. 어떠한 고난도 참고 견디어서 이웃에 부끄럽지 않은 가정으로 꾸려나가라는 가훈家訓이나 마찬가지다.

사실 길쌈의 과정을 생각하면 고개가 끄덕여질 것이다. 물레에서 실을 한 바람 한 바람 뽑아내면서나, 베틀에서 한 올 한 올 짜가면서 여성만이 겪어야 하는 운명을 달래기도 하고 정을 수놓기도 하였으리라고 볼 때 그 남편이고 아들인 것을 행복스럽게 생각하지 않을 수 없다.

이제 내 아내가 딸이나 며느리에게 전통적인 여공女功을 전수할 필요는 없다고 쳐도 그 마음만은 그대로 연면連綿하게 이어졌으면 하고 아쉬운 생각을 금할 수 없다.

위생을 고려해서 아이들에게 내복만은 면으로 된 걸 입히고 싶었다. 그런데 이 아이들 생각은 내가 가졌던 생각하고는 영 다를 것이라고 생각하니······.

그 옷의 감촉에서 무엇을 느끼고 있을 것인가. 단지 더러워지면 제 엄마가 세탁이나 해주었을 뿐이니까 내가 어렸을 때 느끼었던 것처럼 그런 모정은 전혀 느껴지지 않을 것이 아닌가?

원면原綿도 외국에서 수입해다가 대규모 산업시설로 대량 생산된 기계 냄새 풍기는 옷감에서 어머니의 체취 같은 게 맡아질 리가 없다. 그래도 그 방적기계를 조작하는 여공女工들에게는 손수 목화를 가꾸고 실을 뽑아 베를 짰던, 그 옛날 그녀들의 어머니나 할머니들의 정성된 마음이 전수되어서 옷감 올올마다 그녀들의 정이 배어 있을 것이라고 믿고 싶다.

(京紡 1976년 7월호)

바람결에도 어머니의 음성이

아이들에게 할머니가 계시지 않는다는 것은 동화童話가 부재不在한 것만큼이나 심각한 문제가 아닐 수 없다. 언젠가는 텔레비전에서 할머니·할아버지 모시고 장수 무대에 출연한 가족들을 보고는 나의 막내아이인 네 살짜리 아들아이가 느닷없이 '할머니를 사 달라.'고 졸라대어 매우 난감한 처지에 놓이게 된 적도 있었거니와…….

나의 어머니는 오래전 회갑을 훨씬 앞둔 연세로 돌아가셨다. 어머니를 생각할 때마다 문득 영국의 계관 시인桂冠詩人 메이스피일드가 한 말이 뇌리를 스치곤 한다.

'나라는 존재가 비롯한 어두운 뱃속에서 어머니의 생명이 나를 사람으로 만드셨다. 인간으로서 탄생되기까지의 여러 달 동안, 그녀의 아름다움이 나의 하찮은 흙을 가꾸셨다. 그녀의 일부분이 죽지 않았던들, 나는 아무것도 보지 못하며, 숨도 쉬지 못했을 것이며, 또한 이렇게 움직이지도 못했으리라.'

생명을 받아 이 세상에 태어난 사람치고 누구나가 '그녀의 일부분이 죽지 않았던들' 어찌 꽃과 나무와 별…… 그리고 태양이 빛나는 것을 환희로 바라보는 삶을 누릴 수 있었으랴만, 유독 나만은 '그녀의 일부분이 아닌 그 전부를 죽게 하여' 생존하고 있다고 생각하니, '어머니'라는 어휘 하나에도 코가 찡하고 눈시울이 뜨거워진다.

잔병치레가 많아 어머니의 가슴깨나 태우며 자란 내가 스무 살을 전후해서는 피골이 상접할 정도로 죽음의 문턱에서 허우적거렸을 때, 어머니의 헌신적(표현이 다 안 되는 말이지만)인 간호와 하늘에 닿는 기도가 아니었던들 오늘의 나라는 존재가 어떻게 해서 뜰에 핀 목련꽃이며 라일락꽃을 바라볼 수 있겠으며, 올봄에 국민학교에 입학한 막내아이의 손목을 잡고 출근하는 기쁨을 맛볼 수가 있었으랴 싶으니, 성묘도 제대로 못한 불효를 새삼 뉘우치지 않을 수가 없다.

지난 구정에는 막내아이를 데리고 아내와 함께 실로 오랜만에 고향에 찾아가서 어머니의 산소에 성묘를 한 일이 있다. 멀리 바라다보이는 몽성산夢成山 산마루에는 잔설殘雪이 은빛으로 빛나는데, 어머니 산소에도 하얀 눈이 덮여 있어서 숙연한 마음으로 무릎을 꿇고 절을 했다. 오열嗚咽이 목구멍을 치밀고 올라오려 했으나, 애써 참고는 아이놈에게 웃으며 물었다.
"할머니가 우리 강아지도 왔구나 하시지 않니?"
아이놈은 고개를 끄덕거리며 대답했다.
"응, 그런(그러시는) 것 같아!"
그때 산토끼 한 마리가 산소 옆을 휙 지나서 저편 골짜기로 뛰어갔다. 아이놈은 그 토끼를 잡는다고 뒤따라 뛰어가고 있는데, 송림松林 사이를 스치는 바람 소리마저 내 귀에는 어머니의 음성처럼 들렸던 것이다.

誤植 이야기

 글을 쓰는 사람이면 오식誤植 때문에 언짢은 기분을 맛보지 않은 사람이 없을 줄 안다. 나는 오식으로 해서 언짢은 기분을 맛보게 되는 것은 물론, 난처하게 되는 경우도 있어서 오식 노이로제라 할까, 아무튼 글 쓰기가 두렵기만 하다.
 어느 잡지에 속담 에세이를 연재하고 있는데, 한 번은 필자본이 왔기에 보니 "과부는 한밤에 곯는다."로 찍혀 있지를 않는가. 내가 써준 것은 분명 "과부는 찬밥에 곯는다."였는데 '찬밥'이 '한밤'으로 둔갑을 하고 말았다. 이 이야기를 어느 친구에게 했더니, 잡지사에서 만든(?) 속담이 더 좋지 않느냐고 웃는다. 이런 오식은 웃고 넘겨버리면 좋겠지만, 모 사보에 쓴 나의 수필에서 "사람들을 사랑하고, 라면을 사랑하고"란 구절을 발견했을 때는 웃어 넘길 수만도 없어서 담당자에게 전화를 걸어 교정 실수를 나무라주었더니, 원고에 분명 그렇게 씌어 있어서 그리 된 것인데 뭐가 잘못되었느냐는 반문이다. 나는 어이가 없어서 라면 회사 사보에 쓰는 글이라고 해도 그런 표현을 할 수는 없는 일이며 "자연을 사랑하고"의 오식이라고 일러주기는 했지만 지금까지도 뒷맛이 씁쓸한 기억으로 남아 있다.

이상은 나의 악필 탓으로 돌릴 수도 있겠지만, 편집자의 부주의로 타인에게까지 누가 되는 오식일 때는 이만저만 낭패가 아닌 것이다.

나는 간혹 잡지사로부터 수필란 필자의 추천을 의뢰받는 수가 있어서, 좋은 필자라고 생각되는 이를 소개해 주기를 마다 않고 해주었다. 그렇게 해서 발표된 작품을 신간 목차에서 발견했을 때는, 반가운 나머지 그 글부터 읽게 되는데, 미소를 지을 만큼 마음에 드는 글일 때는 그리도 기쁠 수가 없었다.

J선생의 수필도 그렇게 해서 모 잡지에 발표가 된 것이다. 책이 출간되기가 바쁘게 그의 수필부터 찾아 읽으려고 펼쳐 보는 순간, 필자 이름 밑에 소개된 필자의 직함이 오식되어 있지를 않는가. 수필가의 글이니 '수필가'라고 소개하면 그만인데, 대개는 구체적인 직함을 써넣기를 요구하고 있어서 '모 고등학교 교감'이라고 써넣었던 것인데, 정작 활자화된 것을 보니 '모 고등학교 교장'이 되고 만 것이다.

본의 아니게 J선생의 입장이 난처하게 된 것이다.

"직책만 교감이지 교장급이시니까 교장이라고 해도 틀리지 않습니다."

아마 아량이 있는 교장이시라면, 이렇게 말하고 웃어버리리라.

활자의 둔갑은 사람들을 당혹하게 만들기도 하고, 웃음을 자아내게도 한다. 나도 J선생과 비슷한 곤혹감을 맛본 경험이 있다.

언젠가 모 잡지에 글을 써주었는데, 필자본이 온 것을 보니 나의 이름 아래 '모 출판사 대표'라고 찍혀 있지를 않는가. 내가 모 출판사에 객원으로 나가고는 있지만, 막상 대표라고까지 소개된 것을 보고는 난처하다는 기분이 들었다. 나의 잘못은 아니지만 어쨌든 사장인 Y씨에게 말이라도 해주는 것이 도리일 것 같아 예의 잡지를 들고 가서 보여주었더니, "공동 대표도 있는 것이니 틀리지 않다."고 웃어버려서 나도 같이 웃어버리기는 했지만, 제발 잡지 편집자들은 그런 실수는 저지르지 말기를 부탁드리고 싶다.

나는 원고를 쓸 때 필자 이름 밑에 필자 소개는 쓰지 않고 있다. 그래도 대개는 '수필가'라고 소개되어 있는 것을 본다. 사실 나는 그 칭호 말고는 달리 내세울 것도 없는 사람이다. 그런데 잡지 편집자들은 직장의 직위 같은 것을 구체적으로 표시하려고 한다. 수필은 각 분야의 인사들이 쓸 수 있는 글이라고 보는 데서 그렇게 하는지는 모르지만, 문학지에서만은 시나 소설처럼 수필도 이름만 가지고 발표하는 것이 옳지 않나 싶다. 수필의 필자가 어느 분야의 전문가이든 일단 문학지의 수필란에 글을 발표할 정도면 '수필가'나 다름없는 만큼 굳이 필자 소개를 할 필요가 없다고 생각되어 하는 말이다.

지금까지 오식에 대해서 탓만 하였는데, 활판에는 으레 오식이 있게 마련이어서 오히려 덕을 본 때도 있다. 나는 '쌍벽'이란 말의 한자를 줄곧 '雙壁'으로 알고 그렇게 써왔던 것이다. 문단의 누구와 누구는 쌍벽이라고 말할 때도 벽 벽자를 써서 '雙壁'으로 쓰는 것이 맞다고 생각한 것이다. 왜냐하면 쌍벽의 이미지로 떠오르는 인물은, 그 분야의 거봉巨峰, 거목巨木으로 상징되어 있기 때문이다. 그런데 나중에 알고 보니 두 개의 구슬, 즉 우열이 없이 여럿 가운데서 둘이 다 뛰어나게 훌륭한 존재라는 뜻으로 구슬 벽자를 써서 '雙璧'이라고 써야 옳았다. 독자들은 내가 무식해서 틀렸다고는 생각하지 않고 '오식' 한테 책임을 전가하려고 할 것이고 보면 이때만은 '오식'에게 미안한 생각이 들었다.

교정보기가 어렵다고 하는 것은, 원고가 틀린 것까지도 바로잡아 주어야 하기 때문이다.

오식에 대한 이야기를 더 쓰자면 한이 없을 것 같다. 유명한 희문戱文 《우신예찬愚神禮讚》을 쓴 에라스무스의 말을 한 대문 옮기고 이 글을 끝낼까 한다.

"활판술을 지배하는 것은 악마다." (1986)

인생의 열차에서

 우리 집에는 서고書庫가 따로 없어서, 책이 집 안 구석구석에 쌓여 있다. 집사람은 그걸 이리 치우고 저리 치우고 하느라고 귀찮다는 소리를 자주 한다. 서고는 마련되어 있지 않더라도, 거실이 넓다거나 서재라도 따로 있어서 책을 좀 잘 정리해 둔다면 장식적인 역할이라도 해주어 남들 보기에도 괜찮으련만, 무슨 원고라도 쓰려고 하면 방바닥에 온통 책을 흩뜨러 놓고 있는 만큼 아내로서는 신경질이 나지 않을 수 없으리라.

 자기 혼자만 쓰는 방도 아니면서 정신이 어지러울 정도로 늘어놓고 있는 것이 더 이상 참을 수 없었던지, 고물장수라도 오면 싹 쓸어다가 주어 버리겠다고 엄포를 놓는 때도 있다.

 며칠 전 일이다.

정말로 고물장수가 집 앞 골목을 지나가면서 못쓰게 된 무엇무엇 등 품목을 열거하며 팔라고 외쳐대는 것이 아닌가. 골목길에서 떠들고 노는 아이들의 목소리가 마치 얼음 풀린 여울 물소리인 양 명랑하게 들려서, 나 또한 기지개라도 켜고 싶었고 우리 집도 봄을 맞이하기 위한 대청소 같은 것도 해야 할 것 같은 생각도 들어서, 아내로 하여금 몇 가지 고물 가구와 폐휴지로 지정해 둔 책 등속을 내다 버리라고 일렀던 것이다.

"아! 책도 많기도 해라. 저 책들 다 쓸 것들입니까?"

고물장수 아저씨의 말이다. 더 버릴 책이 없느냐는 얘기이리라.

내놓은 거나 가지고 가라고 했더니, 또 이런 말을 하는 것이 아닌가.

"어째서 봄만 되면 고물들이 많아지는지 모르겠어요. 겨울 동안에는 쌓아 두었다가 날씨가 풀리면 그제사 집 안 정리를 하면서 버릴 것이 생각나는 모양이지요?"

나는 지극히 평범한 이 말을 듣고 "옳거니." 하고 다른 생각 하나를 떠올리게 되었다.

날씨가 풀리면 세상을 떠나는 노인들이 많다. 혹독한 추위에도 잘 견뎌내다가 어찌해서 해동解凍이 되어 바야흐로 좋은 계절을 맞이한 때에 세상을 하직한단 말인가?

사실 노인들은 겨울이 괴로운 계절이다. 더욱이 해소가 심한 분은 긴긴 겨울밤을 뜬눈으로 새우면서 죽음의 사자처럼 무서운 고독과 싸우게 된다.

친척이나 젊은 사람들이 문안 인사를 하면서, 해동이 되면 바깥 출입도 하게 될 테고 해서 기력이 좋아지실 거라고 여쭙기도 하지만, 막상 개나리 피고 진달래 피는 봄이 돌아오면 그 노인은 아주 먼 길을 떠나고 마는 수가 있어서…….

나는 올봄에도 몇 군데나 문상을 다녀온 일이 있다. 작은아들네 집에도, 딸네 집에도 다녀와야겠다고 하더니 정작 봄이 오니까 다시 못 올 곳으로 떠나시고 말았다는 얘기를 들었을 때, 문상을 하는 사람까지도 코끝이 찡하면서 눈시울을 적시지 않을 수 없었다.

어버이는 죽음까지도 자식을 생각해서 마지막을 장식하려고 한다. 엄동에 죽으면 자식들의 고생이 얼마나 심하겠는가 싶어서 안간힘을 다 써 자기의 죽음을 유예시켰다고 할까. 아무튼 어버이의 사랑은 이토록 지고至高의 것이라고 말할 수 있지 않을까.

늙으면 자식에게 귀찮은 짐이 된다.

대부분의 어버이들은 이런 생각을 하고 있는 것 같다.

그래서 해동이 될 때는 허섭스레기 가구를 내다 버리듯 자기도 고물이나 마찬가지로 치워지는 것이 당연하고 또 그것이 순리라고 생각한다. 그렇다고 슬프다는 생각만 하는 것은 아니다. 임종하는 자리에 둘러앉은 자손들, 그들은 바로 자기 생명의 분신들인 만큼 자기는 죽어도 죽지 않는 거나 마찬가지라는 소박한 신앙을 간직하고 떠나는 것이다.

나는 우리 집의 이 구석 저 구석에 쌓인 책들을 다시 둘러본다. 어느 한 책도 내다 버릴 수 없는 소중한 장서라고 생각된다. 그러면서도 다시 생각을 하면 별 가치가 없는 것들이 아닌가 하는 생각도 든다.

우선 나의 아이들만 해도 그러하다. 모두 '한글 세대'라서인지는 모르지만, 한자가 많이 섞이고 종서로 된 책들이라 자기들하고는 상관이 없는 하나의 장식물이겠거니 하는 생각들을 가지고 있는 것 같다.

뿐만 아니라 내가 가지고 있는 책들은 에세이 종류가 많은데, 솔직히 말해서 우리 아이들에게 읽히고 싶지 않은 것들도 적지 않아서……. 그래도 서지적書誌的인 의미는 있는 것이고, 극단적으로 말해서 아무리 형편없는 책이라 할지라도 '이런 책'도 있었구나 하는, 다분히 책 수집의 호사好事 취미에서 얘기를 한다면 나 자신에게는 그런대로 의미를 지니고 있는 것들이라 하겠지만…….

언젠가는 이 호사적인 취미마저도 지양되어야 한다고 생각한다. 크지도 않은 집에 살면서 나 혼자만의 호사 취미를 만족시키기 위해 언제까지나 다른 식구들의 빈축을 사면서까지 고집할 필요가 있겠는가 하는 생각이다.

책의 문제만도 아니다. 내가 쓰고 있는 글도 그러하다. 한

편이라도 오래 남을 글을 쓰는 것이 문제이다. 양산量産만 해서야 무슨 의미가 있겠는가.

그래도 청탁을 받으면 거절 않고 쓴다. 쓰기 전에는 좋은 글이 될지 시원찮은 글이 될지 알 수가 없다. 다만 심혈을 기울여 쓰다 보면 괜찮은 글도 출산할 수 있지 않을까 하는 기원祈願을 담고 쓰고 있을 뿐이다.

나는 초고草稿를 반드시 우리 아이들 중 누구에게라도 읽어 보라고 한다. 철자법이라든가 문맥이라든가 아이들 나름으로 의견을 말하면 고치기도 해서 마지막 퇴고를 끝내고 나면 청탁한 사람에게 건네는 것이다.

그런데 요즘엔 나의 원고를 읽고 난 아이들에게서 소재가 빈곤하지 않으냐, 부분적으로 재탕하는 이야기가 자주 쓰이고 있는 것 같다는 등 어드바이스를 듣고 있다. 아이들의 어드바이스를 뒤집어서 생각한다면, 이제 아버지의 글도 고물 취급을 받을 날이 멀지 않다는 얘기와 다르지 않을진대 조금은 서글픈 생각이 들기도 한다.

누구나 그러리라고 생각하고 있지만 자기의 직업을 자녀들에게 물려주려고 하지 않는다. 자기의 직업은 자기가 누구보다도 잘 알고 있다. 그러기에 세상에서는 자기의 직업이 제일 어렵고 고달픈 것으로 생각을 하고 있기 때문에, 자녀들에게는 그 직업을 물려주려고 하지 않는 것은 지극히 당연한 심정이리라.

나도 역시 마찬가지다. 글 한 편을 쓰려고 하면 피를 말리는 고뇌를 겪어야 하기 때문에, 어찌 그 고생을 알고도 그 일을 자녀들에게 물려주고 싶겠는가.

어느 날 고등학교에 다니는 딸아이가 자기 학교 문예반에서 만들었다는 책 한 권을 가지고 와서 보라고 한다. 거기에는 '초대석'에 나의 글이 실려 있고 '학생 작품'의 페이지에는 딸아이의 글이 실려 있는 것이 아닌가. 대수로운 일은 아니지만 어쩐지 흐뭇한 생각을 금할 수가 없었다.

자식에게서 자기를 꼭 닮은 모습을 발견할 수 있다고 하는 것은, 다시 한 번 자기라는 존재를 확인하게 되는 것만 같아서 기쁘다.

이런 일은 이 아이의 언니들 때도 마찬가지로 있어 왔지만, 혹시 나의 아이들 중에서 본격적으로 글을 쓰겠다고 한다면 굳이 못하게 할 것까지야 없지 않느냐는 생각이 들 때도 있다. 이른바 승어부勝於父해서 더 나은 작가로 문단의 인정을 받는다면······.

나의 아이들의 가능성이란 아직 미지수라 하겠고, 그간에 나의 조그마한 도움으로 문단에 데뷔한 몇 분의 역량에 대해서는 어떤 확신을 가지고 얘기를 할 수가 있을 것 같다.

근년에 신문의 신춘문예나 문학지의 추천으로 데뷔한 수필가들이 상당수에 달하고 있다. 그 중에 몇 사람은 나와 인연을 가지고 있는 분들이라고 하겠는데, 수필도 관문 설치가 타당함을 입증해 주고도 남으리만큼 좋은 작품들을 쓰고 있는 것을 볼 때마다 나는 가슴 뿌듯한 감회에 젖는다.

신춘문예나 문학지의 추천 관문은커녕 사회 저명인사 아니고는 발 붙일 자리가 없을 만큼 '수필가'로의 데뷔가 막막했던 시절을 맛보았던 나로서는 지금 쓰고 있는 수필들이 '소재가 빈곤하다.', '부분적인 재탕이 많다.'는 등 혹평을 받게 되어도 대단히 섭섭하게 들리지는 않는다. 아직 그렇게 수양이 될 정도로 나이가 든 것은 아니지만, 나는 내 능력을 알고 있기 때문에 조금도 겸손이 아니며 거짓 없는 스스로의 표백 表白일 따름이다.

나는 오늘도 몇몇 잡지에서 누구누구의 수필을 읽으면서 회심의 미소를 지어 본다. 보다 잘생긴 '나의 모습'을 찾아볼 수 있었기 때문이다.

(1984)

아버지와 아들(1)

조그만 뜰이나마 딸린 집에서 살고 있다는 것은 축복이나 다름없다. 나무들은 꽃을 피웠을 때도 아름답지만, 그 꽃을 떨구고 잎을 피웠을 때도 아름답다. 산당화·목련·진달래 등의 나무들이 신록으로 몸단장을 하고 서 있는 뜰의 풍경은 아무리 바라보아도 싫증이 나지 않는다.

더욱이나 오후 3시를 지나 서쪽으로 기우는 햇빛이 신록의 이파리들 사이로 반짝이는 풍경은, 살아 있다는 자체가 얼마나 행복한가를 웅변하는 듯이 보였다. 그런데 나는 그런 뜰을 창 밖으로 바라보다가 소스라치듯 놀라면서 심한 자책으로 가슴이 아팠다.

뜰 한편에 정물靜物처럼 놓여 있는 돌절구가 눈에 띄었기 때문이다. 그 돌절구가 거기 놓인 데는 다음과 같은 사연이 있다.

오래된 일이다. 어느 여름날 노부老父는 뜻밖에 웬 절구통을 사가지고 오셨다. 이 무거운 걸 버스 종점에서부터 메고 왔다는 인부에게 대금을 빨리 주어 보내라고 하셨지만, 나는 좀 머뭇거리면서 절구통을 이리저리 살펴본 바 가짜 돌절구를 잘 모르고 속아 사오셨다는 것을 알게 된 것이다.

그래도 나는 진짜 돌절구로 믿고 좋아하시는 아버지를 실망시켜 드리고 싶지 않아서 대금을 한 푼도 깎지 않고 지불한 것은 물론 그 뒤로도 그 돌절구가 시멘트로 만든 가짜라는 이야기는 입밖에도 내지 않았다.

아버지가 사시면 얼마나 더 사실 것이며 물건을 속아 사오신들 그 액면이 얼마나 될 것인가. 다만 연만하셔서도 자식의 생활에 마음 써주시는 어버이의 사랑이 그지없이 소중스럽다는 생각뿐이었다.

아버지가 그 뒤에 또 다른 가짜 물건을 사셨다고 할지라도 나는 두말 않고 대금을 지불하였을 것이다.

돈벌이가 신통치 않은 사람이면서도 그 정도의 금전적 손실은 기꺼이 감당할 용의가 있었으면서 어찌하여 신앙문제에 있어서는 아버지의 말씀을 거역하는 것으로 일관하였는지 지금도 나는 알 수가 없다.

아버지는 기독교 신자여서 기회 있을 때마다 나에게 교회에 나가기를 바라셨지만, 그때마다 나는 마음에 우러나서 가게 되면 가게 되는 것이지 갈 생각이 없으니 갈 수가 없다고 대답하였다. 나는 참으로 간단한 효를 못하였고, 마침내는 아버지가 저세상으로 떠나시고 만 것이다.

몇 년 전에 아버지는 낙상을 하시고부터 바깥 출입을 못하셨다. 그러다가 치매痴呆 증상이 오고 중풍까지 겹치자, 의식이 혼미하고 언어가 소통이 되지 않았다. 그런 상태에서 임종을 하게 되었는데, 나는 아내를 시켜 목사님을 모시고 오게 하여 기도를 부탁드리도록 하였다.

나 자신은 기독교인이 아니지만 기독교인인 아버지를 위해서 임종기도는 물론 장례절차까지도 기독교식으로 치르는데 무조건 따르려고 마음먹었던 것이다. 그런데 목사님으로부터 뜻밖의 '제의'를 받고 어떻게 했으면 좋을지 참으로 곤혹스럽기만 하였다.

목사님은 나에게 임종을 바라보는 자식으로서 아버지가 듣는 데서 "교회에 나가겠습니다!"라고 약속을 하라는 것이다. 그 목사님은 아버지의 목숨을 담보로 신앙을 강요하는 것만 같았다.

목사님은 거짓말로라도 아버지가 듣고 좋아하시도록 교회에 나가겠다고 약속을 하라고 다그쳤지만, 나는 마음에 없는 말은 아버지가 돌아가시는 마당에서도 할 수가 없다는 것을 분명하게 말하였다.

아마 그때 목사님은 나를 구제 못할 사람이라고 매우 노엽게 생각하셨을 테지만, 나는 나대로 목사님이 야속하다는 생각만 들었다.

나는 장례를 지내고 난 다음 멀리 떨어져 있는 고향을 찾아갔다. 어머니 산소에 성묘를 하고 아직도 고향마을에 살고 있는 아버지의 친구분을 찾아 뵈었다.

아버지가 돌아가신 것을 말씀드렸더니, 친구분은 눈시울을 적시면서도 내가 찾아 뵈온 것을 무척 고맙게 여기시는 듯, 따라드리는 대로 술을 석 잔이나 받아 드셨다.

친구분은 아들이 목사로 있는데, 다른 지방에서 개척교회를 꾸려가느라고 부모한테는 자주 못 온다는 말을 들었을 때, 나는 또 한번 소스라치듯 놀라면서 심한 자책으로 가슴이 아팠다. 여기서 잠깐 나의 할머니 이야기를 해야 할 것 같다.

일찍이 할머니는 돌아가셨지만, 그분은 독실한 기독교 신자로서 생존해 계실 때 날이면 날마다 자손들이 예배당에 나가기를 간절히 기도하셨건만 예수 믿는 자손을 한 사람도 만들지 못하였다.

할머니는 일요일이면 예배당에 가면서 논둑길 밭둑길을 눈물깨나 뿌리면서 다니셨다고 한다.

결국에는 자기 자손들은 전도하기를 포기하셨던지, 이웃집 남의 어린 손자를 데리고 일요일마다 예배당에 다니셨던 것인데, 아버지 친구분의 아들이 바로 그때 그 '남의 집 손자'인 것이다.

내가 지어낸 이야기는 아니다. 어쩐 일로 우리 할머니가 돌아가시고 나서는 그분의 아들(우리 아버지)과 손자(나의 아우)가 교회에 나가게 되어 저 세상에서는 눈물을 흘리지 않으시리라고 믿고 싶다.

지금쯤 우리 아버지는 저 세상에서 무슨 생각을 하고 계실까. 생각할수록 아들의 소행이 밉고 또 미워서 용서하고 싶은 마음이 안 나시는 것일까.

어쩌면 우리 아버지는 아들의 고집이 당신의 고집을 쏙 빼닮은 것 같아서 미소를 지으며 이해하고 용서해 주셨을지도 모른다는 생각을 해보기도 한다.

당신께서도 당신의 어머니가 그토록 예수 믿으라고 권유했을 때 천부당만부당하다는 듯 듣지 않으셨음을 상기하시고는, 이번 아들의 소행이 오히려 당신의 마음을 어느 면으로는 편하게 해드렸는지도 모른다는 생각을 해보기도 한다.

만일 아들이 순순하게 목사님의 권유를 받아들였더라면 당신은 내내 당신 어머니에 대해서 '미안' 하다는 생각을 떨쳐버릴 수 없으실 것 아니냐는 생각에서다.

나 자신도 내 마음을 어떻게 하지 못하는 것이 안타까울 때가 있다. 무슨 종교가 되었든 자기 마음을 의지하고 죽음의 문제까지도 거기에 맡길 수 있는 의지처로서 하나의 종교를 갖는 것은 나쁘지 않다고 생각한다.

그런 점에서 내 아내나 아이들이 교회에 나가고, 성당에 나가고 하는 것을 다행으로 생각한다.

(1992)

아버지와 아들(2)

1

아내는 목욕탕에 간다고 막내딸을 데리고 나간다. 그들의 뒷모습이 그리도 좋아 보일 수가 없다. 혼자서 집을 보는 내 신세가 갑자기 초라하게 생각되었다. 아들이 집에 있으면 나도 그애를 데리고 목욕탕에 가는 건데……. 얼마 전에 군에 입대한 아들의 모습이 눈에 밟혀 원고지를 대하고 앉아 있어도 다른 생각은 떠오르지 않는다.

전에는 부자유친父子有親이란 낱말에 대해, 사람으로서 지켜야 할 다섯 가지 도리 중의 하나 정도로 이해하고 있었을 뿐이다. 따라서 부위자강父爲子綱이란 낱말에 대해서도, 유교 도덕의 기본이 되는 세 줄거리의 하나 정도로 이해하고 있었을 뿐이다.

그런데 오늘은 그 낱말들이 케케묵은 유교 도덕의 언어로서가 아니라 매우 친근한 언어로 새로운 의미를 일깨워 주고 있다. 아들은 편지에서 "아버지가 걱정하시듯 일찍 자고 일찍 일어나는 문제는 첫날부터 아무 문제 없이 잘되고 있습니다."라고 썼다. 평소 늦게 자고 늦게 일어나는 버릇에 대해서 잔소리를 많이 하였는데, 군대에 가더니 당장 그 버릇을 고쳤다고 하니 대견스럽기만 하다.

"아들은 바꾸어 가르쳐야 한다易子而教之." 《맹자孟子》에 있는 말이다.

자기 아들은 자기가 가르치기 어렵기 때문에 서로 아들을 바꾸어 가르치는 것이 좋다는 뜻이다. 나는 아들이 소속한 부대장이 보낸 편지의 내용이 진실임을 믿는다. "군문에 첫발을 들여놓은 귀한 자제들이 건강한 모습으로 무사히 훈련을 마칠 수 있도록 최선을 다할 것을 약속드린다." 남의 아들도 내 아들처럼 사랑하는 마음이 있을 때, 그것이 바로 튼튼한 국력의 바탕이 될 것임은 물론이다.

나도 그 옛날에 군대 복무를 필한 바 있지만, 내 아들이 또 국토방위 의무를 필하기 위해 군대에 간 것을 마음 든든하게 생각한다. 누군가의 시詩 한 구절이 생각난다.

"인연의 가지 끝에 열린 하나의 / 과일 / 아들아(金冠植) / 隆冬의 書)."

내 아들과 부자의 인연을 맺게 해 준 신불神佛에게 그지없이 고맙다는 인사를 드리고 싶을 따름이다.

2

 어떤 책에서 미국의 정치가·과학자였던 벤자민 프랭클린(1706~90)이 한 말을 읽고, 어쩌면 그리도 나의 생각과 똑같은 말을 했는지 그 구절을 몇 번이나 되뇌어 보았다.
 "인생을 다시 살아 볼 것인가를 결정할 기회가 나에게 주어진다면. 나는 처음부터 되풀이하는 것에 대해서 마다하지 않겠으나, 저자가 그의 저서의 재판을 출간할 때 초판의 잘못들을 더러 바로잡는 것과 같은 권한을 행사하게 된다는 것을 그 조건으로 요구해야겠다."
 내가 살아온 인생을 후회할 생각은 없지만, 내가 낸 책의 재판을 찍을 때 초판에서 잘못된 부분을 고쳐 주면서 나의 지나간 인생도 그렇게 다시 교정을 볼 수 있도록 기회가 주어진다면 얼마나 좋겠는가 싶었는데……. 시간은 그 어떤 힘으로도 돌이킬 수 없는 것. 따라서 결점 많은 내 인생의 '교정판校正版'이 되어줄지도 모른다는 생각에서, 요즘 부쩍 아들에 대한 관심이 높아졌다.
 딸 넷을 둔 뒤에 얻은 아들인 만큼 손자 같기도 하고, 어쨌든 군대를 보내놓고는 마음이 안 놓여서 부대장에게 전화를 걸어 이렇게 말했다. 하나밖에 없는 우리 아들이니 때리지 말라고. 부대장은 나중에 혼자서 웃었겠지만, 나는 그때 진정으로 부탁을 한 것이다.

그런데 휴가를 나온 아들아이는 생각보다 씩씩한 모습이었다. 특수 임무를 띤 부대에 배속되었기 때문에 이른바 '유격 훈련'도 하고 '천리 행군'도 했다고 들었을 때, 나는 네가 진정 내 아들이 맞느냐는 듯이 아이의 얼굴을 찬찬히 들여다보기까지 했다.

나는 군대 생활을 할 때 동작이 느리다고 상급자한테 정강이를 군홧발로 차이기도 한 경험이 있는 만큼, 아들과 나는 비로소 '사나이 대 사나이'의 대면을 한 셈이다.

나는 그럴 만한 배경과 실력도 없으면서, 아니 현실에 있어서는 그런 일이 불가능하다는 것을 알면서도 아들에게 넌지시 물어보았다. "너 정 힘들면 다른 부대로 옮겨 주랴." 아들은 정색을 하며 "다른 전우들도 똑같이 고생을 하고 있는데 나만 덜 고생하자고 부대를 옮길 수는 없다."고 단호하게 거절하는 것이었다.

아들은 나에게 인생의 귀한 덕목德目 하나를 보여줌과 동시에, 장차 이 사회를 위해 유익한 사람이 될 것이라는 믿음을 갖게 하였다.

(1996)

얘깃거리가 있는 인생을 위하여

TV 드라마에 〈들국화〉라는 것이 있다. 요즘 복고조의 드라마가 인기를 끌고 있는데, 이것도 그 중의 하나라고 생각한다. '월남전' 이야기도 나오는 것을 보니 1960년대 후반쯤 되는 모양이다.

바로 어제 시청한 장면 중의 하나에 이런 것이 있다. 시골에서 살지 못하고 서울에 올라와서 '달동네' 같은 데서 살고 있는 신구[扮] 씨가 물지게를 지고 오르막길을 올라가고 있는 모습이 힘겨워 보인다. 그래도 그의 부인 사미자[扮] 씨는 남편의 '무능' 함을 원망하지 않는 것 같고 주어진 운명을 감수하는 여인으로 보인다. 그러나 자녀들은 불평 불만이 이만저만 아니다. 물은 공동 수도에서 받아다 쓴다고 해도, 화장실(이 말은 사치스럽다)마저 공동 변소를 이용해야 함은 참기 어려운 수모로만 여기고 있는 것 같다.

나는 드라마 속의 두 부부가 바로 우리 부부의 어느 시절을 재현해 놓은 초상肖像처럼 생각되어 감회가 새로워졌다. 어쩌면 그 시대의 우리 모두의 초상이라고 해도 지나친 말은 아니라고 생각한다.

"변소가 없는 집에서 사는 것처럼 따분한 생활도 없을 줄 안다. 변두리로만 돌다 보니 결국은 수재민 정착지라는 P동에 셋방을 얻었는데 변소가 없다. 변소 하나 용납을 못할 만큼 좁은 대지를 분배해 주었던 까닭에 공동 변소를 이용하게 마련이다."

졸작 수필 〈변소고便所考〉의 한 대목이다. 이 대목의 인용만으로도 1960년대 후반의 내 생활 형편이 어떠했겠는가는 짐작하고도 남음이 있을 것이다. 그때 나는 명색 수필을 쓰는 사람으로 데뷔한 지 몇 년밖에 안 된 처지여서 문학 활동으로 얻어진 수입이란 것이 형편없는 작가였던 만큼 궁핍이란 것이 얼마만큼 사람을 비참하게 만드는지 절실하게 맛본 셈이다.

오늘날도 마찬가지긴 하지만 수필을 쓴다는 명분만으로 생활 방편을 삼기에는 어림도 없는 일이었다. 그러나 나는 수필이 나의 인생을 표현하는 유일한 문학 형식임을 믿고 있었고, 어쨌든 그것과 연관된 일을 찾아 바쁘게 움직였다. 수필문학이란 것이 이 땅에 뿌리를 내리게 하고 수필문학에 대한 인식이 달라질 수 있도록 있는 힘을 다 기울일 생각이었다. 그럼으로써만 내가 서서 버틸 영토가 구축될 수 있다고 믿었기 때문이었다.

언젠가 세계적인 석학 임어당林語堂 박사가 모 신문사 주최로 열린 강연회에서 한 말이 잊혀지지 않는다. "한국은 개발도상국가이기 때문에 여러분은 행복한 국민입니다. 내일을 위해 도전할 수 있는 꿈을 지닌 국민이기 때문입니다."

후진국이란 말보다는 개발도상국가란 말이 얼마나 듣기 좋고, 그의 말마따나 얼마나 비전을 지닌 말인가 하고 머리를 끄덕이지 않을 수 없었다. 이미 수필문학의 고전이 되다시피 한《생활의 발견》을 애독하고 있는 중이었기에 그의 말이 더욱 절실하게 가슴에 와 닿았는지도 모른다. 그때 일을 기록해 둔 것을 찾아보니 1968년 6월 20일로 되어 있다. 꼭 4반세기가 지난 이야기인 것이다.

지금 남편 따라 독일에 유학중인 셋째딸애가 어렸을 때 한 말이 생각난다. 네 살밖에 안 된 녀석이 위로 두 언니들과는 달리 불평이 많았다. 세수를 해야 밥을 주겠다고 했더니 "물 구워 줘!"라고 소리쳤다. 찬물로 가까스로 시늉만의 세수를 시키고는 밥을 주었더니 이번에는 "깨끗한 밥 줘!"라고 '데몬스트레이션'을 벌였다. 아무리 둔한 아비였기로 시커먼 꽁보리밥 말고 하얀 쌀밥을 달라는 요구임을 어찌 못 알아들었으랴. 새끼 도막에 꿰어서 파는 연탄 한 장에, 초등학생들이 쓰고 난 공책으로 만든 종이 봉지에 담아 파는 보리쌀 한 되를 가지고 하루를 연명하던 시절에 겪은 이야기다.

아이들에 대한 이야기를 하나만 더 써 볼까 한다. 큰딸애는 지금 해외 근무를 하고 있는 남편 따라서 영국에 살고 있다. 딸애가 초등학교 1학년 때 일이다. 하루는 학교에서 숙제로 바람개비를 만들어 오라고 했다는 것이다. 나는 없는 솜씨를 부려서 바람개비 하나를 만들었던 것인데, 아이놈이 그걸 잊어먹고 학교에 갔다. 버스 정류장까지 가려면 고개 하나를 넘어가야 한다. 아이가 버스를 타기 전에 건네 주려고 고갯길을 향해서 있는 힘을 다해 뛰어갔더니 손에 쥔 바람개비가 신나게 돌아가는 것이 아닌가. 그 광경을 보고 웃음을 참지 못한 사람도 있었겠지만, 나는 그런 것에 개의치 않고 어린 딸의 고사리손에 바람개비를 쥐어 주어 선생님한테 숙제 안 한 벌을 받지 않게 해준 것만이 기쁘게 생각되었을 따름이다.

나의 힘들고 외로운 인생길에서 아내라는 동반자가 없었다면 어찌 되었을까를 상상해 볼 때가 있다. 그녀는 내가 하고 있는 일이 대단한 것인 양 소리 없는 응원을 끊임없이 보내 주었기에 좌절하지 않고 뜻하는 길에 매진할 수 있었던 것이다. 또한 더욱 고맙게 생각하고 있는 것은, 아내들은 남편의 경제적 무능을 참지 못한다고 들었는데 집사람은 나의 경제적 무능을 한번도 입에 올려 말한 적이 없었다는 사실이다. 오랜 세월을 그녀가 잘 참아 주어서 내가 하는 일에 어느 정도 성취감을 느낄 수 있게 된 것이다.

우리 부부는 가끔 그 시절의 이야기를 하면서 웃기도 한다. 김소운金素雲 선생의 명수필 〈가난한 날의 행복〉 속의 주인공들인 양.

〈가난한 날의 행복〉에 나오는 어느 시인 부부의 가난한 이야기가 정말 '행복'이란 문자로 오버랩될 때가 있다. 어느 날 아침 시인의 아내는 쌀이 똑 떨어져 고구마 몇 개로 시인의 아침을 때우게 하면서도 "긴긴 인생에 이런 일도 있어야 얘깃거리 되지 않겠어요"라는 말로 독자의 가슴까지도 찡하게 울려주었던 것이다.

이제 우리나라는 임어당 박사의 말대로 국민 모두가 내일을 위한 도전으로 꿈을 잃지 않고 노력하였기에 개발도상국가를 넘어서서 바야흐로 세계 선진국 대열에 발돋움하게 되었다. 이 마당에서 다 함께 반성을 해야 할 것이 있다. 어렵고 괴로웠던 시절을 잊어버리고 살지는 말자는 것이다.

〈들국화〉란 드라마도 그런 점에서 뜻이 있다고 생각한다. 나의 '그 시절'도 뜻이 있다고 생각한다.

(1993)

연보

- 1934년 전남 담양에서 부친 박군봉(朴群奉), 모친 전귀임(全貴任)의 6남 중 맏이로 출생. 본관 밀양(密陽), 아호 매원(梅園)
- 1954년 광주고등학교 졸업
- 1963년 월간 신세계 신인작품 수필부문 〈수집 취미〉 당선으로 문단 데뷔
- 1970년 현대수필동인회 주간, ≪현대수필≫ 5집까지 책임 편집하여 70년대 수필문학 개화(開花)의 중요한 계기를 만듦
- 1973년 한국문인협회, 한국수필가협회 이사. 국제펜클럽 한국본부 회원. 제1수필집 ≪바보네 가게≫(범우사) 출간
- 1975년 계간 ≪한국수필≫ 편집인, ≪한국수필문학대전집≫(한국수필가협회 엮음, 범조사) 전20권 책임 편집
- 1976년 우리나라 최초의 수필문고인 ≪범우에세이문고≫ 기획 편집 도서출판 범우사 편집위원
- 1981년 1991년 수필문우회 간사
- 1982년 1997년 한국수필문학진흥회 이사
- 1984년 한국일보 문화센터 수필강좌 강사(1995까지)
- 1985년 계간 수필공원 편집위원.주간.편집인.발행인
- 1994년 범우사 편집고문
- 1998년 한국수필문학진흥회 부회장
- 1998년 계간 에세이문학 발행인 겸 주간
- 1999년 광주고등학교 동창회 제정 '자랑스런 光高人賞' 받음 ≪에세이문학≫이 '문화광광부 선정 제9회 우수잡지'로 선정되어 발행인 자격으로 '우수잡지 선정증'(2000)을 받음
- 2002년 한국수필문학진흥회 회장
- 2003년 작고

현대수필가 100인선 · 89
박연구 수필선
화음

초판인쇄 | 2011년 8월 5일
초판발행 | 2011년 8월 10일

지 은 이 | 박 연 구
펴 낸 이 | 서 정 환
펴 낸 곳 | 좋은수필사

주　　소 | 서울시 종로구 익선동 30-6
　　　　　운현신화타워 빌딩 3층 305호
전　　화 | (02)3675-5635, (063)275-4000
등　　록 | 1984년 8월 17일 제28호
e-mail | essay321@hanmail.net

값 7,000원

ISBN 978-89-5925-358-6 04810
ISBN 978-89-5925-247-3 (전100권)

*저자와 협의하여 인지는 생략합니다.
*잘못된 책은 바꿔 드립니다.